KB169740

나를 지켜주는
최소한의 방어 심리학

나를 지켜주는 # 최소한의 방어 심리학

별것 아닌 일로도
쉽게 상처받는
사람들을 위한
멘탈 관리법

커커 지음
채경훈 옮김

카시오페아
Cassiopeia

사람은 누구나 대인관계에 대한 고민을 안고 살아갑니다. 혼자서만 살아가는 세상이 아니기에 사람들 사이에서 복잡한 감정을 주고받는 것은 자연스럽게 일어나는 현상이죠. 저역시 오랜 기간 정신과전문의로 일하면서 수많은 내담자를 만나왔습니다. 그런데 그들의 이야기를 가만히 들여다보면, 대인관계에 대한 고민과 그로 인한 감정 소모에 지쳐서 상처를 받고 내원하는 경우가 굉장히 많습니다. 사랑하는 가족과 연인, 매일같이 얼굴을 맞대고 함께 일하는 직장 동료, 누구보다 가깝게 오래 알고 지내던 친구들에게 상처를 받았죠. 그렇게 받은 상처는 분명 생판 모르는 남에게 받는 것보다 훨씬 깊고 고통스러운 상처로 잠재의식 속에 각인되었을 겁니다.

이 책은 관계의 어려움을 해결해주는 중요한 열쇠로 프로이트가 제시한 심리 방어기제 이론을 얘기합니다. 사실 지금 껏 다른 심리학 책에서 비춰온 방어기제 이론은 부정적인 이미지가 강했습니다. 방어기제는 마음의 문을 닫는 것, 현실에서 도망치면서 문제를 외면하는 것이라는 생각을 사람들에게 심어주었죠.

하지만 이 책은 방어기제가 꼭 나쁜 것이 아니라고 말합니다. 그저 몸을 웅크리고 가만히 있는 것이 어려움 속에서 내가 할 수 있는 최선일 때가 있습니다. 도저히 스스로 해결할 수 없는 현재의 문제에서 슬그머니 빠져나와 잠시 거리를 두었을 때, 오히려 상황이 예기치 못하게 나아지거나 다친 마음이 회복되기도 하니까요. 나아가 우리의 내면이 더 단단하게 성숙해질 수 있도록 계기를 제공하기도 합니다.

방어기제가 우리를 성장시켜주는 경우도 많습니다. 동경하는 인물을 따라 살며 성공에 이른 사람들, 과거의 기억을 아름답게 묻어두고 새로운 출발을 꿈꾸는 사람들, 삶의 고통을 세기의 작품으로 꽃피운 사람들, 재미있는 이야기와 몸짓으로 주변 사람들을 즐겁게 해주는 사람들 모두 자신 안에 숨어 있던 방어기제를 꺼내어 적절히 사용함으로써 더 나은 삶을 살아갈 수 있었습니다. 이처럼 방어기제는 이미 받은 상처도 나를 사랑하는 힘으로 바꾸어주는 삶의 무기가 됩니다.

그런 면에서 방어 심리학은 우리 삶에 꼭 필요합니다. 이 책은 방어 심리 이론의 개념과 연구 결과부터, 읽는 이의 상황에 맞게 유용하게 활용할 수 있는 구체적인 내담 사례까지 한 권에 모두 담았습니다.

오늘도 인간관계에 지쳐 스스로에게 상처를 주고 자기 내면과 세상의 문제를 똑바로 직면하지 못하는 분들에게 이 책을 추천합니다. 살다가 보면 누구나 한 번쯤은 너무 힘이 들어서 모든 것을 포기하고 싶을 때가 있을 겁니다. 그런 순간조차도 우리 마음은 나 자신을 지키기 위해서 무의식적으로 방어기제를 사용합니다. 이 사실을 깨닫는다면 우리는 자신을 더욱 소중하게 생각할 수 있게 될 것입니다. 방어 심리학이 여러분의 마음을 지켜주는 최소한의 보호막이자 따스한 위로가 되기를 바라겠습니다.

- 정신과전문의,
오진승

왜 '방어 심리학'인가?

20년 넘게 마음이 아픈 사람들을 만나 그들의 이야기를 들으며 깨달은 점이 있습니다. 바로 우리는 생각보다 사소한 것들로 상처를 잘 받는다는 사실입니다. 우리는 때로 불필요한 관계를 끌어안고 혼자 힘들어하기도 하며 자기 자신을 사랑하지 못하고 아무도 없는 동굴 속으로 들어가기도 합니다. 그러나 자신을 미워하면서까지, 나를 공격하는 세상의 모든 관계를 사랑할 필요는 없습니다. 나를 지키는 힘은 외부 세계가 아닌 나의 안에 있습니다. 현실을 피하기보다 새로운 현실을 만들어내고, 상처로 인해 생채기 난 마음을 적극적으로 관리할 수 있다면 결국에는 상처받은 자기 자신조차 온전히 사랑할 수 있을 것입니다. 저는 이 책을 통해 삶의 든든한 무기가 되어주는 방어 심리학에 대해 이야기하고자 합니다.

인간의 면역 체계는 외부로부터 병원균의 침입을 막아내는 중요한 보호 작용을 일으킵니다. 주사를 맞거나 약을 먹지 않아도 저절로 감기가 나았던 경험이 떠오른다면, 우리 몸의 면역 체계가 정상적으로 작동했다는 의미입니다.

우리의 마음에도 이와 같은 면역 체계가 존재합니다. 상처로 인한 분노, 불안, 두려움, 슬픔 등 모든 부정적인 감정에서 우리를 보호해주는 마음의 면역 체계가 바로 프로이트가 제시한 '심리 방어기제'입니다.

프로이트는 사람의 인격을 원초아id, 자아ego, 초자아super-ego로 나누어 생각했습니다. 먼저 '원초아'에는 즉각적인 만족을 얻으려는 모든 본능적인 추진력이 포함됩니다. 원초아는 순전히 쾌락의 지배를 받으면서 자신의 욕망을 만족시키는 일에만 관심을 보입니다. 두 번째로 '자아'는 원초아와 초자아의 중간에 존재하는데, 이성적이고 아주 영리합니다. 자아는 우리의 마음, 심리를 보호하고 원초아와 초자아를 중재하는 역할을 합니다. 우리가 의식적으로 도덕적인 사람이 되려고 애쓰는 것은 바로 이 자아의 영향 때문입니다. 마지막으로 '초자아'는 인격의 최고 지도자로서 도덕적 혹은 사회적 규범, 자아의 이상을 대표합니다. 초자아와 양심을 같은 개념으로 생각하면 이해하기가 쉽습니다.

심리 방어기제는 자아의 기능 중 하나입니다. 원초아에서 어떤 욕망과 충동이 생겨났을 때 자아가 이를 감지하면 우리는 상처받거나 불안을 느끼게 됩니다. 이때 자아는 상처나 불안을 저지하거나 제거하려고 하는 전략을 세우게 되는데, 이 전략이 바로 심리 방어기제입니다.

심리 방어기제는 일반적으로 다음과 같은 특징이 있습니다.
1) 흔히 상처받고 불안할 때, 혹은 상처를 받을 것 같아 두려울 때 무의식적으로 일어난다.
2) 마음속에 잠재하고 있지만 우리는 겉으로 드러난 행동을 통해 그 방어기제를 관찰할 수 있다.
3) 자기 기만적인 성질이 있다. 지각, 기억, 동작, 동기, 사고방식 등을 왜곡하는 방법으로 우리를 상처와 불안으로부터 벗어나게 한다.
4) 방어기제의 본질은 자아를 보호하는 데 있지만 반드시 우리에게 유익한 결과만을 가져오지는 않는다.

우리는 일상적으로 방어기제를 사용하고 있습니다. 예를 들어, 승진에 실패한 어떤 사람은 "그 자리에 올라가도 좋을 게 없어. 책임질 일과 업무가 늘어나서 지금보다 훨씬 힘들

거야"라고 말합니다. 또 어떤 사람은 마음을 쏟아부으며 사랑했던 연인과 갑작스럽게 헤어지고 나서 "만약 그 사람과 결혼했다면 나는 더 불행했을지도 몰라"라고 말합니다. 모두 '합리화 방어기제' 때문입니다. 혹은 밖에서 기분 나쁜 일들이 가득했던 날이면 집으로 돌아와 가족들에게 이유 없이 성질을 부리는 사람도 있습니다. 자신도 모르게 '전치 방어기제'를 사용한 것이죠.

심리학의 거장 지그문트 프로이트Sigmund Freud가 창시한 정신분석학은 지난 100여 년이 넘는 세월 동안 심리학 발전에 큰 영향을 미쳤습니다. 그리고 오늘날 심리치료 분야에서도 폭넓게 사용되고 있죠. 하지만 나를 지키고자 이렇게 무의식 중 갑자기 발현되는 심리 방어기제는 사람들과 관계를 망치는 부정적인 심리 상태라는 흔한 오해를 받아왔습니다. 만약 우리가 무의식적으로 하나의 심리 방어기제만을 사용한다면, 자신도 모르는 사이 외부 세계와의 소통을 방해할 가능성이 있기 때문입니다.

그러나 방어기제는 좋고 나쁜 것이 아니라 자연스러운 현상이며 긍정적으로 사용할 수 있습니다. 이 사실을 이해하면 의식적으로 여러 가지 방어기제를 사용할 수 있습니다. 어떻게 사용하느냐에 따라 방어기제는 내가 나에게 주는 또 다른 상처가 될 수도, 나를 지키는 든든한 방패막이 될 수도 있습니다. 마음을 보호해주는 것을 넘어 나를 성장시켜주는 큰 힘이 되기도 하고요.

저는 여러분이 이 책을 읽고 자신과 타인의 세계를 보다 넓은 시각으로 바라보기를 바랍니다. 그리고 방어 심리학이 자신을 보호하고 사랑하는 방법으로 유용하게 쓰였으면 좋겠습니다. 당신은 누구도 함부로 대할 수 없는 소중한 사람이니까요.

목차

1장   나조차도 나를 함부로 대할 수는 없다

2장   모두에게 사랑받으려 노력할 필요는 없다

1장

나조차도
나를 함부로 대할 수는 없다

안 괜찮은 건
안 괜찮은 거다

억압
··········

생각지 못한 나쁜 일을 겪거나 큰 실수를 했을 때 우리는 그 일을 처음부터 없었던 일로 만들고 싶어 합니다. 억지로 기억을 덮어두고서는 그저 시간이 지나면 모든 게 괜찮아질 것이라 여깁니다. 하지만 정말 우리는 과거의 일을 '완전히 잊은' 걸까요? '잊고 싶어 하는' 것은 아닐까요? 겉으로 보기에는 잊은 것처럼 보이지만, 실제로는 예전에 겪었던 일들이 여전히 잠재의식 속에 남아 우리의 행동에 영향을 미칩니다. 단지 그 사실을 의식하지 못할 뿐이죠.

교통사고로 하나뿐인 아들을 잃은 어느 엄마를 상담했던 사례가 기억납니다. 바라던 대학에 합격한 지 얼마 되지 않은 어느 날, 아들은 친구의 생일을 축하해주러 집을 나섰습니다. 하지만 불행히도 친구네에서 돌아오는 길에 음주운전 차

량에 치여 그만 숨지고 말았습니다. 외동아들을 먼저 보낸 엄마의 심정은 얼마나 비통하고 참담했을까요. 불가해한 슬픔 앞에서 깊은 고통에 잠긴 채 얼마나 오랜 시간 울며 지냈는지 모릅니다.

그녀는 반년이 지나서야 겨우 정신을 차리고 천천히 일상으로 돌아갈 수 있었습니다. 하지만 사고가 일어난 매년 8월이 찾아올 때면 우울증 약을 복용해야만 했습니다. 주변 사람들은 이제 떠나간 아들 생각을 그만하라고 조심스레 권했지만, 그녀는 "나는 이제 괜찮아졌어. 그런데 왜 우울한지 모르겠네"라고 말했습니다. 엄마는 정말 아들을 잃은 충격에서 완전히 벗어난 걸까요?

방어기제 가운데 '억압'은 자신이 감당할 수 없는, 또는 고통스럽고 위협적인 경험과 자극에 맞닥뜨렸을 때 의식 속에서 그 경험과 자극을 제거한 후 잠재의식 속으로 집어넣어 자신도 모르게 억누르는 현상을 가리킵니다. 억압은 여러 심리 방어기제 중에서도 가장 기본적인 것으로, 우리를 잠시나마 고통, 위협, 불안에서 벗어나게 해 마음을 보호합니다.

앞선 사례 속 엄마의 잠재의식 속에는 여전히 아들이 살아 있을지도 모릅니다. "나는 이제 괜찮아"라고 주변 사람들에게 말하고 다녔지만, 그녀는 사실 전혀 괜찮지 않았습니다.

단지 억압이라는 방어기제를 이용해 아들을 영원히 가슴에 묻어둔 채 애써 괜찮은 척했던 것뿐이었죠.

억압으로 나타나는 이런 '선택적 망각'이나 '의도적 망각'은 시간의 흐름에 따른 자연스러운 망각과는 개념이 다릅니다. 겉으로 보기에는 이미 그 사건을 잊어버린 것처럼 보이지만, 실제로는 여전히 잠재의식 속에서 우리의 행동에 영향을 미치고 있습니다. 단지 우리가 그 사실을 의식하지 못할 뿐입니다. 그 때문에 일상생활에서 자신조차 이유를 알 수 없는 행동을 하게 될 가능성도 있습니다.

그렇기에 때로는 고통스러운 기억이 마음을 짓누르도록 가만히 내버려 두고 현실을 인정하는 게 좋을 때가 있습니다. 억지로 괜찮다고 아무리 우겨봐도 내 마음은 괜찮아지지 않습니다. 그리고 언젠가는 과거 그때의 감정이 떠올라 일상을 지속하는 데 방해가 되기 때문입니다.

꿈이 말해주는 것들

억압은 사람들이 특정한 경험을 망각하게 하여 불안을 피하고 스스로를 보호하도록 합니다. 고통스러운 일을 적절히 억압할 때 우리의 삶은 계속됩니다. 하지만 우리가 상처를 기억하지 못한다고 해도 그 상처는 여러 방식으로 삶 속에 불쑥 나타납니다.

그중 하나가 바로 꿈입니다. 우리가 꾸는 이해하지 못할 꿈들은 사실 우리의 잠재의식 속에 있던 경험들이 재생되는 것입니다.

프로이트는 《꿈의 해석Die Traumdeutung》이라는 책에서 많은 꿈에 대해 묘사했는데, 그중에는 그의 딸이 병에 걸렸을 때 꾸었던 꿈도 있습니다.

프로이트의 딸 안나는 19개월이 되었을 때 몸이 아파 심하게 구토를 했습니다. 건강을 빨리 회복하려면 금식을 해야 한다고 간호사가 신신당부했기에 안나는 온종일 아무것도 먹을 수가 없었습니다. 저녁이 되자 안나는 잠꼬대를 하면서 자신의 이름과 함께 좋아하는 음식을 말했습니다.

"안나, 딸기, 달걀 소시지, 식빵 수프…."

아마도 안나는 엄마에게 먹을 걸 달라고 말하는 중이었을 겁니다. 안나는 꿈을 통해 잠재의식 속에 억압된 불만을 드러냈습니다. 낮에는 몸이 아픈 것에만 신경 쓰느라 맛있는 음식을 생각할 겨를이 없었겠지만, 꿈은 안나가 원하는 것을 분명히 이야기하고 있었습니다.

우리의 꿈을 자세하게 분석해보면 정신이 또렷할 때는 전혀 생각하지 못했던 것들이 마구 꿈에 나타난다는 사실을 알 수 있습니다. 억압된 잠재의식이 꿈속에서 풀려나는 것이죠.

꿈이 아닌 또 다른 형태로도 억압이 나타날 수 있습니다. 예를 들어 말이 헛나가거나 실수를 저지르는 경우가 있죠.

트집을 잘 잡는 장모님을 둔 친구의 이야기가 떠오릅니다. 친구는 아내와 연애하던 시절부터 어렵게 결혼을 하고 난 이후까지도, 장모님의 냉소와 빈정거림을 질리도록 겪어야 했습니다. 콧대 높은 장모님의 눈에는 친구가 자기 딸과 어울리지 않는다고 생각했던 모양이죠. 그때부터 친구는 처가댁에 드나드는 횟수를 점차 줄여나갔습니다.

결혼한 지 1년 후에 아내가 아이를 낳자 친구는 여기저기 전화를 돌리면서 이 기쁜 소식을 전했습니다. 전화를 다 돌리고 나서 혹시 빠진 곳이 없나 다시 확인을 해보는데, 장모님에게 전화를 하지 않았다는 사실을 문득 깨달았습니다. 자신도 모르게 억압이 일어나 장모님을 대면하는 괴로움에서 도피했던 것이죠. 장모님을 만나지 않으면 빈정거림을 들을 일도 없으니, 친구의 잠재의식이 억압이라는 망각 전략을 사용한 것입니다.

다른 사람에게 돈을 빌린 뒤, 갚기 싫어서 자신도 모르는 사이에 잊어버리고 마는 경우도 있습니다. 또는 지킬 수 없는 약속이나 지키기 싫은 약속을 하고서 잊어버리기도 합니다. 이런 일들은 모두 억압을 이용해 자신을 보호한 결과 나타나는 증상입니다.

억압이 지나치면 기억상실이 되기도 합니다. 전쟁에 나갔거나, 화재에서 살아남았거나, 사별의 아픔을 경험하는 등 사람은 견딜 수 없는 고통을 겪었을 때 기억에서 그 모든 것을 지워 버리는 방법을 택해 현실의 슬픔을 이겨내고자 합니다. 정말로 심각한 충격을 받아 특정 기억을 잊게 된다면 그냥 그대로 잊어버리게 두는 것도 좋습니다. 그러면 슬픔과 고통이 어느 정도는 줄어들 수 있기 때문입니다.

아무리 억눌러도 상처는 사라지지 않는다

억압과 비슷한 '잠재된 억압'이라는 방어기제도 있습니다. '잠재된 억압'이란 자신의 생각과 대립되거나 받아들일 수 없는 충동, 욕망, 생각, 감정, 고통스러운 경험 등을 피하기 위해 자신도 모르는 사이에 이것들을 잠재의식 속으로 억누르는 증상을 가리킵니다.

잠재된 억압과 관련해 프로이트가 자주 언급한 '성性'의 관점에서 한 가지 예를 들어보겠습니다.

　종교 문화의 영향을 받아 성욕을 악하다고 생각하는 수도승이 있었습니다. 하지만 인간이라면 누구에게나 욕구가 있기에 수도승 역시 당연히 성욕을 피할 수는 없었습니다. 수도승은 성욕을 느낄 때마다 몹시 부끄러워하며 수행에 더욱 힘썼습니다. 오랜 시간이 흘러 수도승은 정말로 수행의 성과를 얻어, 마음속 잡념이 사라지고 더 이상 남녀 사이의 사랑은 생각하지 않게 되었습니다.

　이 사례는 잠재된 억압이 일어나는 과정을 보여줍니다. 내면이 성욕을 잠재의식이라는 마음속 검은 상자 속에 가둬버렸다는 사실을 수도승은 알지 못했습니다. 수행에 성공했으며 마음의 동요가 일어나지 않는 경지에 이르렀다고 생각할 뿐이었죠.

　억압과 잠재된 억압은 모두 무의식적으로 일어나는 반응입니다. 하지만 이 둘 사이에는 차이가 있습니다. 억압과 비교했을 때 잠재된 억압에서는 의식이 더 적게 관여하고, 심리의 과정도 훨씬 심층적입니다. 잠재된 억압에서 욕망과 의식 사이의 충돌이 더욱 심하게 일어나고요. 한마디로 잠재된 억압은 억압이 훨씬 더 나아간 형태라고 볼 수 있습니다.

　두 방어기제에 차이점이 있긴 하지만, 일단 작용하고 나면 일상생활에서 정신이 또렷할 때 과거에 겪었던 경험이나 두려움, 긴장, 분노 등의 감정을 의식하지 못한다는 점은 같습니다. 하지만 특정한 자극을 받으면 이미 잊어버린 것처럼 보였던 경험이나 감정들이 되살아나서 반드시 우리의 삶에 영향을 미칩니다.

나에게 상처를 준 일을 일부러 잊기 위해 감정을 억누르는 것은 결국 훗날 더 심각한 마음의 병이 되어 돌아올 수 있습니다. 그러니 상황을 객관적으로 바라보고 현재의 마음 상태를 먼저 인정해버리는 편이 오히려 낫습니다. 또 주변 사람들이 지금 어려운 고통을 겪고 있다면, 그래서 스스로 상처를 억누르고 있다면, 적절한 위로로 마음을 다독여주세요.

하마터면
열심히 살 뻔했다

여러분은 스스로에게 관대한 편인가요, 엄격한 편인가요? 가만 보면 자신에게 가혹하리만큼 지나치게 엄격한 사람들이 있습니다. 물론 당장 눈앞에 주어진 재미있는 것들을 하지 않고 잘 참아내는 게 필요할 때가 있겠지만, 엄격한 것이 항상 좋은 작용을 일으키는 것은 아닙니다.

취업을 준비하는 한 여학생의 이야기를 들려드리겠습니다. 대학을 졸업하고 취업 시험을 치르면서 그녀에게 공부보다 중요한 것은 없었습니다. 마치 금욕주의자처럼 매우 혹독하게 자신을 단련했죠. 밥을 먹을 때마다 식사 시간은 15분을 넘기지 않았고 식사를 다 하고 나면 시간을 조금도 허비하지 않고 다음 공부를 시작했습니다. 잠을 충분히 자지 않은 상태로 늦게까지 공부하는 날이 이어졌습니다. 기숙학원의 불이

꺼지면 손전등을 켜고 이불 속에서 공부를 하기도 했습니다. 아침에는 단연코 누구보다도 가장 먼저 일어났죠.

안타깝게도 들인 노력에 비해 여학생의 성적은 그리 뛰어나지 못했습니다. 하지만 그녀는 스스로 만족하며 다른 취업 준비생들의 허영과 나태함을 혐오했습니다. 여학생의 이러한 태도는 사실 '금욕'의 표현입니다.

'금욕'은 자신의 쾌락에 대한 부정으로 일어나는 심리 방어기제입니다. 일상에서 겪는 자연스럽고 기본적인 욕구를 강력하게 통제하는 행위가 곧 자신에게 유익하다고 생각하며, 그렇게 하지 못하는 사람들과 비교해 '난 저들과 달라'라는 우월감을 느끼는 것이죠. 어쩌면 이 학생은 더 나은 미래를 위해 공부하려는 게 아니라, '모든 것을 참고 견디며 남들보다 더 열심히 살아가는 자신'의 모습을 잃지 않기 위해 공부하려 했던 것은 아닐까요? 욕구를 지나치게 통제하는 것만이 꼭 능사가 아닙니다. 잘 먹고 잘 자면서도 충분히 좋은 결과를 낼 수 있으니까요.

사람들이 겉으로 드러내는 행동과 태도는 사실 마음속의 진실한 생각과 상반되는 경우가 많습니다. 마음속에서 간절히 바라는 욕망이 생겨날 때 금욕이 작용하는데, 이때 초자아는 욕망을 수치스럽게 여깁니다. 마치 여학생이 '열심히 살지 않는 나 자신'에 부끄러움을 느끼는 것처럼 말이지요. 자아 역시 초자아의 생각에 복종하고 그 생각을 행동으로 표현합니다. 자아가 초자아에 복종하여 균형을 되찾고 나면 사람들의 마음은 평온해지며 자아를 보호하려는 목표도 이루게 되지요.

앞서 이야기한 여학생이 자신을 지나치게 통제하는 삶을 산 데에는 복잡한 이유가 있었습니다. 그녀의 가정 형편은 매우 어려웠고, 그래서 머릿속에는 얼른 성공해서 돈을 벌어야겠다는 생각만이 가득했습니다. 이런 생각은 항상 스트레스가 되어 어떤 일을 시도하려고 할 때마다 자신을 가로막는 장벽이 되어버렸다고 말했습니다.

자신의 금욕적 모습을 다른 사람에게 적용하려는 경우도 있습니다.

영화 〈블랙 스완Black Swan〉에서 주인공 니나의 엄마는 줄곧 검은 옷을 입고 있는 금욕주의자의 모습으로 등장합니다. 그녀는 스스로에 대해 엄격한 기준을 가지고 있었습니다. 그리고 엄마는 딸 니나를 강력하게 통제했습니다. 자신이 이루지 못한 프리마돈나의 꿈을 딸을 통해 이루고자 했던 것이죠.

고대 그리스 철학자와 견유학파의 대표 인물인 디오게네

스Diogenes는 금욕주의를 통한 자기만족을 강조하면서 편안한 생활환경을 포기하라고 권했습니다. 그는 인간은 생존하고 추위를 피하는 것과 같은 자연적인 욕구만 만족시키면 된다고 생각했습니다. 사회생활을 포함한 다른 모든 욕구는 비자연적이고 하찮다고 여겼으며, 근본적으로 그런 욕구를 만족시킬 필요가 없다고 보았죠.

알려진 바에 따르면 디오게네스는 고행주의를 몸소 실천하면서 나무통 안에서 살았습니다. 그의 재산은 부서진 나무통과 망토, 지팡이, 가방 하나씩이 전부였죠. 그는 수염이 덥수룩한 채 반라의 모습을 하고 맨발로 땅에 서서 거지 행세를 하며 미치광이처럼 살았습니다.

디오게네스는 금욕을 이용해 자신의 마음을 보호했습니다. 그는 관습에서 벗어나 가장 적게 소유한 사람이야말로 가장 우월한 존재라고 생각했습니다.

금욕에는 옳고 그름이 없습니다. 적당한 금욕은 인생을 좋은 방향으로 이끌어줍니다. 성공한 사람들에게서 금욕적인 삶의 태도를 쉽게 발견할 수 있는 이유입니다. 한편, 지나친 금욕은 심리적으로 부정적인 영향을 끼치고 건강에도 이롭지 못합니다. 삶을 옭아매는 금욕적 모습을 내 안에서 발견할 때가 있나요? 그렇다면 이 순간만큼은 절제된 삶에서 잠시 벗어나 '오늘 내가 무엇을 하고 싶은지'를 먼저 생각해보는 건 어떨까요?

혹시 지금 사람을 사귀는 게 두렵다면

사람과 사람이 함께 지내다 보면 충돌이 발생하기 마련이며 이는 불가피한 일이라는 것을 우리는 잘 알고 있습니다. 이 때문에 금욕은 사람과 관계 맺거나 관계에서 생기는 어려움을 피하는 형태로 나타나기도 합니다.

은퇴한 해군 대위 남성을 상담한 적이 있습니다. 그는 55세의 나이가 될 때까지 결혼하지 않았고 결혼할 생각을 한 적도 없었습니다. 그의 성생활은 술집에서 알게 된 여자와 하룻밤을 보내는 게 전부였습니다. 은퇴한 이후 그의 삶은 단조로웠고 울적했으며 외로웠습니다. 하지만 그는 지속적인 인간관계를 맺으려 하기보다 하룻밤 만남만을 이어나갔죠.

그는 자신의 어린 시절을 회상하면서 그가 돌이 채 되기도 전에 어머니가 세상을 떠났다고 말했습니다. 그의 아버지 역시 해군이었고 자주 바다에 나가느라 그를 돌볼 시간이 없었죠. 아버지는 어쩌다 집에 돌아오면 술에 잔뜩 취해 있었다고 합니다. 그의 어린 시절 기억 속에는 사람을 사무적으로

냉담하게 대하는 보모만이 존재했습니다. 그는 여러 보모들의 손을 거쳐 자랐고 친구도 거의 없었습니다. 학교에 들어가서는 체육 시간에 운동 성적이 별로 좋지 않았는데, 여학생들이 그걸 보고 비웃은 후로는 여자와 사귀는 것도 두려워졌다고 합니다.

그에게도 한때 여자 친구가 있었습니다. 그런데 얼마간 사귀고 나서 여자 친구는 그가 자신과 결혼할 생각이 없다며 불만을 품었습니다. 그가 남자답지 못하고 부유하지도 않다고 말하면서 말이죠. 두 사람은 결국 헤어졌고, 이후로 그는 다시는 연애를 하지 않았습니다.

이 남자의 성장 과정을 살펴보면, 그가 여자 주변에 가기만 하면 나쁜 일이 생기는 것처럼 보입니다. 어머니가 세상을 떠나버려 돌봐줄 사람이 없었고, 학교의 여학생들은 그를 비웃었으며, 여자 친구와는 헤어졌죠. 그는 일단 여자와 관계를 맺으면 불안, 분노, 수치심과 같은 감정을 느낀다는 결론을 경험에서 이미 내렸습니다. 그리고 이와 같은 감정들을 피하기 위해 그는 그 어떤 여자와도 관계를 맺지 않으려는 금욕적인 행동으로 스스로를 보호했습니다.

나를 갉아먹는 관계가 있다면 분명히 끊어내야 하는 것이 옳습니다. 하지만 상처받을까 두려워 모든 관계를 시작하지도 못한 채 자신을 금욕적인 방식으로 몰아세우고만 있다면, 오히려 마음의 근육이 자라날 기회를 놓칠 수도 있습니다.

세상을 객관적으로 평가하는 것이 중요하다

금욕과 함께 언급되는 몇 가지 방어기제를 더 살펴보도록 하겠습니다.

어떤 사람들은 타인을 깎아내리는 방식으로 자신의 마음을 지키는데요. 바로 '평가 절하'라는 심리 방어기제가 작동한 것입니다. 평가 절하에는 스스로에 대한 평가 절하와 다른 사람에 대한 평가 절하가 포함됩니다.

어떤 20대 여성 내담자의 이야기를 들려드리겠습니다. 그녀는 겸손하면서도 꼼꼼한 완벽주의자였습니다. 어렸을 때부터 성적이 매우 우수했고, 선생님들이 보기에도 착한 학생이었습니다. 모두가 그녀를 좋아했죠. 하지만 그녀는 중요한 시험을 볼 때마다 제 실력을 발휘하지 못했습니다. 고등학교, 대학교, 대학원 입학시험에서 한 번도 원하는 결과를 얻은 적이 없었습니다. 대학원 입학시험에서 두 번 떨어지고 난 후 그녀는 어쩔 수 없이 현실을 받아들이고 일자리를 구해야 했습니다. 마음속으로는 매우 내키지 않았지만 집안 형편상 더는 대학원 시험에 시간을 낭비해서는 안 된다는 걸 알고 있었죠. 그래서 마음을 굳게 먹고 직장을 다니기 시작했습니다.

두 달 후에 그녀는 우연히 친한 친구와 대학원 시험에 관해 이야기하게 되었습니다. 친구는 그녀가 이야기를 하다가 분명 펑펑 울 것이라 생각했지만, 예상 외로 담담하게 자신은 원래 능력이 부족해서 대학원에 들어가거나 학술 연구를 하는 건 어울리지 않는다며 이렇게 말했다고 합니다.

"우리 회사의 대학원생들을 봐. 그 정도는 되어야 수준 있다는 소리를 듣는다고. 그 사람들에 비하면 나는 수준이 많이 떨어지니, 시험에 붙지 못한 게 이해가 돼."

그녀는 자기 평가 절하를 통해 다친 마음을 보호했습니다. 어차피 다른 사람보다 뛰어나지 않을 바에야 대학원에 떨어진 것이 그리 불만을 가질 일은 아니었다고 결론을 내린 것이죠. 그렇게 생각하니 마음도 한결 평온해졌습니다.

이렇게 볼 때 자기 평가 절하는 삶에서 유용한 방어기제로 사용될 수 있습니다. 실패를 더 잘 수용하고 변화에 적응하게 해주기 때문입니다. 때로는 자신의 실패를 받아들이고 스스로 단념할 줄도 알아야 현실의 문제가 빠르게 해결될 수 있습니다.

물론 자기 평가 절하가 부정적으로 작용할 때도 있습니

다. 예를 들면 업무 실적이 늘 뛰어난 사람이 승진을 했을 경우입니다. 그 사람은 자신이 팀장으로서 업무를 잘 처리하지 못할까 봐 미리 걱정했고 매사에 심한 불안감을 느꼈습니다. 상사에게 이런저런 단점을 이야기하면서 자신은 팀장을 할 사람이 못 된다고 말하고는 심지어 직장을 그만둬 버리고 맙니다. 자기 평가 절하가 과도하면 이렇게 좋지 못한 결과를 낳기도 합니다. 이는 결코 건강한 심리 상태가 아닙니다.

이 외에도 사람들은 심리적인 균형을 얻기 위해 일부러 다른 사람들을 평가 절하하기도 합니다. 그 대상은 흔히 자신에게 해를 가하거나 위협이 된다고 느끼는 사람입니다. 다른 사람을 평가 절하하는 사람은 그런 방법을 통해 자신에게 위협을 주는 사람이 자신에게 입힐지 모르는 피해를 방어하고 통제합니다.

탁월한 일 처리 능력과 쾌활한 성격으로 회사에서 인정받는 사람이 있습니다. 그녀는 여러 방면에서 재능이 뛰어났고 대인관계도 좋아 모두에게 인기가 있었습니다. 하지만 최근에 그녀는 새로 입사한 사원과 급격히 사이가 나빠졌습니다. 새로 들어온 직원의 성격이 시원시원한 데다 유능하기까지 해서 금세 상사와 임직원들의 눈에 들었던 것이죠.

살면서 크게 느껴본 적 없는 묘한 질투의 감정이 생긴 그녀는 새로 온 직원에 대한 험담을 직원들 사이에 퍼뜨리기 시작했습니다. 또 상사에게는 새로 온 직원이 하지 않았던 실수까지 만들어내 거짓으로 보고하기도 했습니다.

그녀의 행동은 유치해 보일지 모르지만, 스스로를 보호하는 방편이었죠. 새로운 사원의 등장은 그녀에게 위협이 되었고 그녀는 더 이상 회사에서 가장 인정받는 사람이 아니었으니까요. 그녀는 분명 외로움과 불안의 감정을 느꼈을 것입니다. 그런 부정적인 감정에서 벗어나기 위해 마음속으로 새 직원을 평가 절하했고 그 사람의 단점들을 찾아내어 내면의 심리적인 균형을 되찾으려 한 것입니다.

비록 자신을 지키기 위해 한 행동일지라도 이런 행위는 옳지 못합니다. 일시적으로는 불안함이 사라질 수 있겠지만, 자신을 보호하고자 한 일이 타인에게 부정적인 영향을 끼쳐 나중에는 자기 자신에게 되돌아올 수 있기 때문입니다.

과장해서 말하는 게 도움이 될 때가 있다

많은 경우 다른 사람을 평가 절하하는 일과 자신의 자존감을 높이는 일은 동시에 일어납니다. 자기 자신을 높이는 것 역시 일종의 심리 방어기제인데요. 자신의 이미지를 과장하면 자존감을 높이고 마음의 안정을 찾을 수 있습니다.

심리학자들의 연구에 따르면 허풍은 정상적인 심리 욕구입니다. 심지어 어떤 칼럼에서는 "하루에 세 번 허풍을 떨면 불안감을 줄일 수 있다"라고 밝히기도 했습니다.

제2차 세계 대전 때 미국의 더글러스 맥아더 장군이 허풍을 떨며 마음속의 두려움과 불안을 줄인 건 유명한 사례입니다.

한번은 전장에서 독일 공군이 투하한 폭탄이 맥아더 장군의 근처에 떨어졌는데 그는 바로 대피하지 않았습니다. 경호원이 그에게 왜 즉시 피하지 않았느냐고 묻자 그는 이렇게 대답했다고 합니다.

"히틀러는 맥아더를 터뜨릴 폭탄을 영원히 만들어내지 못할 테니까."

맥아더의 허풍은 긍정적인 방어기제에 속합니다. 불안감을 줄이고 적을 멸시하여 심리전에서 우세를 차지하는 데 도움이 되었습니다. 또 군인들의 심리를 안정시키고 사기를 끌어 올리는 역할도 했죠.

가장 흔히 볼 수 있는 사례는 아이들이 함께 모여서 서로 허풍을 떠는 경우입니다. 아이들의 세계에서 허풍은 매우 자연스럽게 일어나죠.

두 어린이가 함께 만화영화를 보고 있었습니다. 한 아이는 채널을 돌려 다른 만화영화를 보고 싶었지만 또 다른 아이는 채널을 바꾸고 싶어 하지 않았죠. 두 아이는 한참 동안 옥신각신했습니다. 결국 채널을 바꾸고 싶어 하는 아이가 갑자기 잘난 척하며 이렇게 말했습니다.

"채널 안 바꾸면 난 그냥 집에 갈래. 우리 집에는 텔레비전이 네 대나 있다고. 한꺼번에 만화영화 네 개를 볼 수 있어서 훨씬 재밌거든. 그리고 넌 안 보여주고 아주 열 받게 만들어 줄 거야."

그러자 다른 아이가 이렇게 말했습니다.

"너 공작새 본 적 있어? 본 적 없지? 난 저번에 엄마랑 동물원에 가서 공작새 봤는데 공작새가 날개를 활짝 펴더라고! 그리고 자이언트 판다도 많이 봤어."

또 다른 아이가 그건 별거 아니라며 이렇게 말했습니다.

"겨우 그걸 가지고. 너 유니콘 본 적 있어? 나는 아빠랑 시골에 갔을 때 유니콘 본 적 있어! 우리 아빠는 유니콘 사진도 찍었어!"

두 아이는 모두 말도 안 되는 허풍을 떨고 있습니다. 채널을 바꾸고 싶어 했던 아이는 자신의 욕망을 만족시키기 위해 집에 텔레비전이 네 대가 있다고 상상했습니다. 그렇게 하면 마음대로 만화영화를 볼 수 있고 채널을 바꾸지 못한다는 불안감이 완화되기 때문입니다. 또 다른 아이는 허풍을 통해 자신의 허영심을 만족시켰습니다. 다른 친구들은 모두 공작을 보았는데 자신만 보지 못했다면 얼마나 좌절할까요? 마음속의 좌절감을 없애고 허영심을 만족시키기 위해 아이는 남들이 보지 못한 동물인 유니콘을 생각해낸 것입니다. '너는 분명 유니콘을 보지 못했을 테니 내가 이겼다!' 하고 말입니다.

심리적으로 미성숙할수록 허풍을 떨어 마음의 불안을 감추는 경우가 많습니다. 마음 깊은 곳의 열등감을 보상하고 심리적 균형을 찾기 위해 허풍을 떠는 것이죠. 이런 사례는 일상에서 흔히 볼 수 있습니다. 누구나 한 번쯤 현실로부터 떨어진 채 자신만의 환상에 빠지고는 하니까요. 그래서 지나친 허풍은 심리 상태와 인간관계에 나쁜 영향을 줄 수 있습니다. 특히 습관적인 허풍은 진실한 자아와 멀어져 거짓 자아에 빠지게 만듭니다. 그렇게 현실에서 멀어지면 관계에서 신뢰가 깨지고 자신의 진짜 모습마저 잃어버릴지도 모릅니다.

하지만 앞선 맥아더 장군의 사례처럼, 적당한 과장은 우리의 삶을 윤택하게 합니다. 인생은 늘 낙관적일 수만은 없기에, 우리는 종종 피할 수 없는 좌절감을 맛보며 살아갈 때가 있습니다. 이때 큰소리를 치고 허풍을 떨다 보면 현실의 문제와 맞설 힘이 생깁니다. 마음을 강하게 먹은 후 상황을 더욱 긍정적으로 볼 수 있는 것이죠.

금욕하는 나, 평가 절하하는 나, 허풍을 떠는 나의 모습을 인식하고 내면을 찬찬히 들여다보세요. 나도 모르게 숨겨 두었던 마음속 욕구를 발견했을 때 외면하지 않고 긍정적인 방향으로 표출한다면 자신을 진정으로 사랑할 수 있게 될 것입니다.

내 마음과
적절히 '거리두기' 하는 연습

격리와 회피

몇 가지 질문을 던져보겠습니다. 여러분의 집에는 창문이 몇 개 있나요? 집에서 회사까지는 어떻게 오세요? 옷장에는 옷이 몇 벌 걸려 있나요?

이런 질문들에 대답할 때 우리는 어떤 사유 과정을 거쳤을까요? 심리학자들에 따르면 사람은 어떤 질문을 들었을 때, 질문에 등장하는 사물을 먼저 형상화한 다음 그것을 언어로 표현한다고 합니다. 예를 들어 집에 창문이 몇 개 있는지 대답할 때, 우리는 먼저 자신이 사는 집의 모습을 머릿속에 떠올리고 집 안 어디에 창문이 있었는지 기억을 더듬어 봅니다. 그리고 창문이 있는 집의 형상을 그려본 다음 이것을 다시 언어로 표현해내는 것이죠.

심리학에서는 이 형성화 과정을 '심상 활동'이라고 부릅니다. 사람들은 어떤 일을 상상할 때 심상 활동의 작용으로 인해 그 일을 직접 체험하는 듯한 느낌을 받고 그에 맞는 반응을 보이죠. 그래서 우리는 가끔 실제로 안전한 상황에 놓여 있음에도 두려움을 느끼곤 합니다. 제 이야기를 잠시 하자면, 저는 뱀을 정말 무서워합니다. 진짜 뱀은 물론이고, TV나 책에 나오는 뱀을 봐도 소름이 끼칩니다. 뱀이라는 단어만 들어도 머릿속에 뱀의 생김새가 떠오르고 그 모습에 무서움을 느끼기 때문이죠.

생각은 어떻게 마음을 조종할까

제2차 세계 대전 당시 독일 나치주의자들은 한 포로를 대상으로 잔혹한 실험을 했습니다. 나치주의자들은 포로를 의자에 묶어놓고는 이렇게 말했습니다.

"오늘 네 놈을 고통스럽게 죽일 것이다. 피가 마를 때까지 네 놈 몸속의 피를 모조리 뽑아서 말이지."

방에는 몇 사람이 더 서 있었는데, 그중 한 사람은 대야를 들고 있었고 또 다른 사람은 끝에 고무관이 달린 주사기를 들고 있었습니다. 포로에게 그 모든 걸 보이고 나서 나치주의자들은 검은 천으로 포로의 눈을 가렸습니다.

곧 그는 주삿바늘이 자신의 혈관에 들어오는 걸 분명하게 느낍니다. 피가 몸에서 흘러나오고 곧이어 핏방울이 '툭툭' 대야에 떨어지는 소리가 들립니다. 그는 두려움에 필사적으로 몸부림치지만 아무 소용이 없죠. 결국 십여 분이 지난 후에 그는 죽고 말았습니다. 그는 정말 온몸의 피가 다 뽑혀서 죽은 것일까요?

사실 나치주의자들은 작은 주사기로 피를 아주 조금 뽑았을 뿐이었습니다. 주사기에 연결되어 있던 고무관은 완전히 막혀 있었고요. '툭툭' 하는 소리는 허무하게도 물방울이 떨어지는 소리였죠. 포로는 과다 출혈로 죽은 게 아니라 상상으로 인한 쇼크로 사망한 것입니다.

이 사례는 상상의 힘이 얼마나 강력한지를 보여줍니다. 직접 그 일을 겪지 않았는데도 마치 실제로 겪은 것처럼 심리를 조종할 수 있죠. 한편으로 상상은 우리에게 처한 현실의 슬픔과 상처에서 벗어날 수 있도록 잠재의식을 조종할 수도 있습니다.

한 대학 교수가 시험이 끝난 후 학생들의 작문 시험지를 채점하고 있었습니다. 그는 긴 고민 끝에 한 학생에게 비교적 낮은 성적을 주었습니다. 학생은 나중에 교수를 찾아가 자신의 성적이 왜 낮은지에 대해 질문을 했습니다. 교수는 이렇게 대답했다고 합니다.

"주제는 좋지만 본문에 '사망'이라는 단어가 너무 많이 나오더구나."

사망. 여러분은 이 단어를 떠올릴 때 어떤 기분이 드나요? '사망'이라는 단어는 일반적으로 부정적인 의미를 내포하고 있기에, 마음이 무거워지면서 좋지 않은 기억들이 떠오릅니다. 단지 단어를 언급했을 뿐인데 교수의 마음이 좋지 않았던 이유는 심상 활동 때문입니다. 사람의 상상력은 아주 풍부하므로 단어에서 기억이 파생되어 좋지 않은 일들이 떠오르고 그로 인해 두렵고 불안한 감정을 느낄 수 있습니다. 그래서 우리는 이런 두려움과 불안함을 피하고자 무의식적으로 부정적인 단어를 회피하는 경향을 보입니다.

'사망'이라는 단어를 직접적으로 쓰지 않고, '영원히 잠들다' 혹은 '하늘로 돌아갔다'와 같은 에두른 표현으로 죽음을 대체하는 이유가 여기에 있습니다. 불쾌한 감정이 느껴지는 단어가 아니라 같거나 비슷한 뜻이 내포된 대체 단어로 치환해 말할 때 우리는 심리적 안정감을 느끼기 때문입니다.

이와 같은 방어기제를 '격리'라고 합니다. '격리'란 현실의 일부를 의식 세계에서 분리해 자신이 그 사실을 인식하지 못하게 하는 것을 말합니다. 가장 흔히 격리되는 대상은 감정과 관련이 있는 부분으로, 특히 불안, 초조, 상처 등이 있습니다. 우리가 스스로 자신의 의식 상태를 바꾸도록 만들기 때문에 격리 기제는 우리를 상처로부터 보호해주는 기능을 합니다. 그래서 격리 기제가 작용할 때 현실이 마치 꿈을 꾼 것처럼 느껴지기도 합니다.

드라마에서는 다음과 같은 이야기가 자주 나옵니다. 어떤 사람의 배우자가 살해당하자 경찰은 조사를 진행하면서 그 사람에게 당시의 상황을 상세하게 설명해보라고 하죠. 그러자 그는 무미건조하게 사건 과정을 묘사합니다. 고통스럽거나 슬퍼하는 모습을 보이는 대신 그 비극적인 사건과 아무런 관련이 없는 사람처럼 담담하게 말입니다. 이것은 너무 큰 사건으로 인해 충격을 받은 자신의 마음을 보호하고자 슬픈 감정을 격리해버린 경우입니다.

사건을 떠올리는 것만으로도 고통스러울 때가 있습니다. 상처를 떠올리는 '심상 활동'은 그때의 사건을 끄집어내 마치 내 눈앞에서 다시금 재생되는 것 같은 생생한 착각을 불러일으키죠. 좋지 않은 일을 겪었던 장소, 나에게 상처를 준 사람, 그때 그 당시의 분위기와 공기의 냄새까지도 기억 속에 선명하게 남아 여전히 우리를 괴롭힙니다. 그래서 무의식은 격리를 선택하는 방식으로 우리의 마음을 지킵니다.

강박증과 공포증은 왜 생기는 걸까

격리는 강박증 환자나 공포증 환자들이 자주 사용하는 방어기제입니다. 강박증과 공포증의 차이는 격리하는 대상이 서로 다르다는 데 있습니다. 강박증은 어떤 특정한 동작을 반복하지만 감각을 격리시켰기에 자신의 행동과 관련된 감각을 느끼지 못하는 증상입니다. 공포증은 공포심과 감각은 느끼지만 사건에 대한 인지를 격리시켰기에 자신이 왜 그렇게 무서워하는지 알지 못하는 증상입니다.

강박증이란 실제로는 의미 없는 비합리적인 생각, 감정, 의도, 행동 등이 반복적으로 나타나는데도 떨쳐버리지 못하는 신경증을 가리킵니다. 제가 만났던 한 강박증 환자는 외출할 때마다 다시 집으로 돌아가서 전등과 가스가 잘 꺼졌는지 확인하곤 했습니다. 어떤 날은 승강기에 탔을 때 생각이 났고 또 어떤 날은 이미 집에서 먼 곳까지 갔을 때 생각이 났습니다. 얼마나 멀리 갔든지 간에 그는 다시 집으로 돌아와 전등과 가스를 자세하게 확인했습니다. 게다가 한 번으로는 마음이 놓이지 않아서 열 번 넘게 같은 행동을 반복한다고 합니다.

"전등을 제대로 끄지 않아서 전기 사고가 일어나는 게 상상돼요. 또 가스 밸브를 잠그지 않아서 가스가 폭발할까 봐 무서워요."

사실 그럴 필요가 전혀 없다는 걸 잘 알고 있지만 그는 자신을 제어할 수 없다고 말했습니다. 그는 단지 가스를 잘 잠그지 않으면 사고가 일어난다는 사실만 인식하고 있었습니다. 현실에서 감각을 격리해버린 나머지 자신의 감각을 믿지 않게 된 것이죠.

한 공포증 환자는 자신의 공포증에 대해 다음과 같이 이야기한 적이 있습니다.

"저는 납작한 사물에 대한 공포증이 있습니다. 저도 제가 왜 그러는지 모르겠습니다. 처음 공포증이 시작된 건 고등학생 때였어요. 어느 날 수족관에 가서 크고 납작한 물고기를 봤는데, 너무 놀라서 큰소리로 비명을 질렀고 온몸에 소름이 돋았습니다. 그 뒤로 무서워서 꿈틀거리는 납작한 동물을 차마 보지 못했습니다. 텔레비전이나 책에 나오는 납작한 동물도 마찬가지였고요. 그 동물이 제 손 위로 기어오르는 것 같은 생각이 들어 무서웠습니다. 어릴 때 크게 놀란 적이 있는지 기억을 더듬어보았지만 떠오르는 게 없었습니다. 부모님도 제가 왜 그러는지 알지 못하셨습니다."

이 공포증 환자는 자신이 납작한 물체를 두려워한다는 사실은 알지만 왜 두려워하는지는 알지 못했습니다. 격리 기제가 작용했기 때문입니다. 어떤 사건에 대한 인지를 격리시켜 그에게는 두려운 감정만이 남게 되었습니다. 이 두려움의 근원은 그의 잠재의식에 격리되어 있을 것입니다.

강박증과 공포증은 격리 기제가 병적으로 심해졌을 때 나타나는 증상입니다. 격리는 적절히 사용한다면 마음을 지켜주는 좋은 방어막이 됩니다. 하지만 현실을 완전히 외면할 수는 없습니다. 상처는 늘 우리를 쫓아다니기 때문이죠. 혼자 감당할 수 없는 일이 일어났을 때는 전문가의 도움을 구하는 편이 낫습니다. 주변 사람들에게 먼저 도움을 요청할 용기도 필요하고요. 정면으로 그 일을 직시하는 시간을 가질 때 상처가 금방 아물기도 하니까요.

나의 진짜 감정에서 멀리 도망가기

격리와 비슷한 방어기제로 '회피'가 있습니다. '회피'란 위험한 상황과 안전한 거리를 유지하려는 심리를 가리킵니다. 자기 마음을 보호하고자 사람들이 가장 쉽게 선택하는 방법이죠.

회피는 크게 의식적인 회피와 무의식적인 회피로 나뉩니다. 예를 들면 의식적인 회피로는 빨간색으로 이름을 쓰지 않으려 하거나 숫자 '4'를 보면 피하는 행위가 있습니다. 무언가 좋지 않은 일이 생길 수 있다는 미신을 떠올리고는 의식적으로 피하는 것입니다. 무의식적인 회피는 불안을 느끼게 만드는 사물이나 사건을 회피하고 있다는 점을 자신이 전혀 의식하지 못하는 상태를 말합니다. 일이 많지 않은 날에는 가벼운 마음으로 오전 일찍 출근해 활기찬 모습을 보이던 사람이 하기 싫은 업무가 잔뜩 밀려있는 날에는 꼭 지각을 하는 것도 일종의 무의식적인 회피입니다.

회피가 반드시 이런 방식들로만 나타나는 건 아닙니다. 주의를 다른 데로 돌리는 것 역시 회피 증상일 수 있습니다.

남자 친구와 헤어진 한 여성을 상담했던 적이 있습니다. 며칠 내내 울며 지내다가 마음이 조금 괜찮아졌다고 느낀 어느 날, 그녀는 문득 이런 생각이 들었다고 합니다.

'도대체 우리는 어디서부터 잘못된 걸까? 뭐가 문제였지?'

그때부터 그녀는 주변 친구들에게 자신에게 어떤 점이 부족한지 물어보기 시작했고, 헤어진 남자 친구의 소식을 알아내려는 모습을 보였습니다. 잘 지내는 듯하다가, 밥을 먹을 때나 잠을 잘 때 갑자기 혼잣말을 중얼거리기도 했습니다.

저는 상담 끝에 그녀가 이별의 슬픔을 회피하기 위해 남자 친구와 헤어진 원인을 자기 안에서 계속 찾고 있다는 것을 알게 되었습니다. 겉으로는 문제를 해결하려는 것처럼 보일 수 있겠지만, 사실 그녀는 같은 주제를 반복적으로 분석하는 데 감정을 소모함으로써 자신의 주의를 돌린 것입니다. 이별에 따른 슬픔과 상실의 감정을 느끼는 것 대신 생각에 집중하며 현실을 회피하는 방식을 택한 것이죠. 이별한 사람들이 일이나 공부에 집중하거나 연애와 관련된 이야기를 일부러 피하는 이유가 여기에 있습니다.

가끔 속마음은 그렇지 않은데, 겉으로는 속마음과는 다른 감정을 표현할 때가 있습니다. 이런 반응은 일을 심각하게 만들죠. 싸움이 나기도 하고요. 이것 역시 일종의 회피 현상이라고 볼 수 있습니다.

부모는 자녀의 안전을 걱정합니다. 아이가 늦은 시간까지 집에 돌아오지 않으면 화가 나서 아이를 심하게 야단치고는 합니다. 부모는 정말 아이가 집에 늦게 들어와서 화가 난 걸까요? 꼭 그렇지만은 않습니다. 불안한 마음을 회피하려고 화를 내기도 하니까요. 밤이 늦도록 집에 오지 않는 걸 보니 아이에게 무슨 일이 생긴 건 아닐까 하는 생각이 듭니다. 그럴 때면 괜한 두려움과 초조함에 사로잡히기도 하죠. 이런 마음을 피하려고 오히려 분노에 자신의 주의를 돌려버린 것입니다.

부모는 그런 심리 방어기제를 이해하고 적절히 조절할 줄 알아야 합니다. 자녀교육의 관점에서 볼 때 부모가 분노의 감정으로 도망치는 것이 자녀에게 좋지 않은 영향을 줄 수 있기 때문입니다. 지금의 내 감정이 어디서부터 오는 것인지 이성적으로 판단한 뒤 문제를 해결하지 않으면, 쉽게 풀릴 수 있는 문제도 훨씬 더 어렵게 꼬여버립니다.

한편 '자기방어적 자만심'이라는 개념도 있습니다. 자신의 가치를 다른 사람의 평가보다 훨씬 뛰어나다고 믿는 경우를 가리킵니다. 자기방어적 자만심 역시 회피로 볼 수 있습니다. 그렇게 믿으면 자신의 결점을 굳이 대면할 필요가 없으니까요.

실패할까 봐 두렵거나, 상처받았다는 사실 때문에 자존심이 상했나요? 누구나 실패하고 상처받을 수 있습니다. 격리와 회피는 자신을 지키기 위한 효과적인 심리 방어술이 될 수 있습니다. 하지만 본질적인 문제를 해결하는 좋은 방법은 아닙니다. 마음의 문제가 아니라 현실의 문제를 해결하고 싶다면 그 문제에 적극적으로 뛰어들어야 합니다. 단지 현실에서 도망치는 것만으로는 문제가 풀리지 않고, 어려운 일을 정면으로 맞서야 할 때는 분명히 있으니까요.

행복한 상상은 현실이 된다

공상

가끔 이런 상상을 할 때가 있습니다.

'나한테 갑자기 10억이 생기면 그 돈을 어디에 쓸까?'

'나는 어떤 사람과 결혼하게 될까?'

구속 없이 자유로운 공상은 자신을 보호하는 방법 중 하나입니다. '공상'이란 눈앞의 문제나 감정의 어려움을 해결할 수 없을 때 잠시 현실을 떠나 상상의 세계에서 마음의 평안과 만족을 얻는 것을 가리키는 심리 방어기제입니다. 상상의 세계에서는 현실의 원칙과 논리적 사고에 따라 문제를 해결하지 않아도 됩니다. 내 마음대로 현실을 편집할 수도 있습니다. 예를 들면 내가 좋아하는 사람이 나에게 관심을 보이지 않을 때, 그 사람보다 훨씬 잘난 사람과 연애하는 상상을 하기도 합니다. 나를 괴롭히는 사람에게 언젠가 통쾌하게 복수하는 것을 머릿속에 그리기도 하고요.

상상은 불안과 고통을 해소하는 데 도움을 주는 정상적인 심리 방어기제입니다. 사람들의 욕망을 만족시켜 주고 고통스러운 현실에서 벗어나게 하거나 죄책감을 줄여주는 역할을 하기도 합니다.

항상 팀장에게 핀잔을 듣는 직원이 있었습니다. 걸핏하면 안 좋은 소리를 듣고는 했죠. 그는 직급이 낮고 일한 지도 오래되지 않아 속상해도 참을 수밖에 없었습니다. 여느 때처럼 팀장에게 한바탕 욕을 먹은 어느 날, 그는 답답한 마음에 복권 한 장을 샀습니다. 그리고는 저녁을 먹으면서 이렇게 생각했습니다.

'이 복권이 당첨되었으면 좋겠다. 그러면 내가 직접 회사를 차린 후에 팀장을 스카우트해야지. 그리고 나에게 했던 것처럼 똑같이 대해줄 거야. 두고 봐.'

이렇게 생각하고 나니 스트레스가 조금이나마 풀리는 듯했습니다. 팀장에게 욕을 퍼부어주는 상상을 하며 복수하고 싶은 욕망을 이뤘고 기분도 금세 나아졌습니다.

'인과응보因果應報'라는 말 속에는 악한 사람에게 벌을 주는 공상이 담겨 있습니다. 사람들은 '응보應報'의 개념을 악한 사람에 대입해, 그들이 결국 업보를 치를 것이라 여겼습니다. 살아서 업보를 치르지 못한 사람은 죽은 후에라도 반드시 지옥에 떨어질 것이라고 말이죠. 나쁜 사람들이 지옥의 뜨거운 불구덩이 속에서 죗값을 받으며 영원히 고통당하는 것을 상상할 때 우리는 심리적 만족감을 얻을 수 있습니다. 따라서 인과응보는 공상 방어기제의 표현이라고 할 수 있습니다.

'공상'이 '망상' 된다

인터넷에는 자신의 진짜 모습을 숨기는 사람들이 많습니다. 예쁘고 매력적인 여성이나 잘생기고 센스 있는 남성으로 자신을 포장해 허영심을 채우거나 상처 입은 마음을 달랩니다. 현실의 내 모습은 마음에 들지 않지만, 상상에서 만들어 낸 내 모습은 꽤 만족스럽습니다. 하지만 슬프게도 현실과 가상은 매우 큰 괴리가 있죠. 지나친 공상은 현실과 가상 사이에 거리감을 느끼게 만들어 더 큰 좌절감을 불러올 수 있습니다. 인터넷상이 아니더라도 인생에는 많은 환상들이 있습니다. 이 환상은 금방 사라지는 연기와 같아서, 아무리 상상 속에서 현실의 욕망을 실현하고 싶어도 완벽히 충족시키기는 어렵습니다.

물론 지나치게 사용하지만 않으면 우리가 일상적으로 하는 공상을 크게 걱정할 필요는 없습니다. 실제로 '내가 망상증에 걸린 건 아닐까?' 하고 의심하면서 망상 증상과 자신의 행동을 비교해보는 사람들이 있습니다. 가령 어떤 여자는 다른 남자가 자신을 쳐다보기만 하면, '저 남자가 나한테 관심이 있는 건 아닐까?' 하는 생각이 듭니다. 또 누군가는 자기 아내가 친구들과 술자리에 가기만 해도, '아내가 바람을 피고 있는 건 아닐까?' 하고 생각한다는 것이죠.

사실 이와 같은 생각은 망상증이 아니라 일반적인 공상일 뿐입니다. 망상은 병적인 심리 상태로, 망상에 빠진 사람은 대개 객관적으로 존재하지 않는 사물을 진짜라고 굳게 확신하거나 현실과 망상을 구분하지 못합니다. 공상을 자각할 수 있고, 상상하는 일이 현실에서 이루어질 수 없다는 사실을 아는 사람은 일반적인 공상을 하는 것뿐입니다. 그러니 '나는 망상증 환자인가 봐'라며 혼자 성급한 결론을 내리지 않아도 됩니다. 사람은 생각의 영향을 매우 강력히 받기 때문에, 일단 자신이 망상증에 걸렸다고 판단하면 나도 모르게 정말로 망상증으로 발전할 수 있습니다.

하지만 정말로 망상증에 걸린 사람은 현실과 상상을 구분하지 못합니다.

혼자 사는 노인이 있었습니다. 어느 날 노인은 변호사 사무실로 달려가, 밤마다 셀 수 없이 많은 사악한 눈이 자신을 노려본다고 말하며 도움을 청했습니다. 변호사가 그 눈빛이 어디서 나오느냐고 묻자 노인은 전선, 텔레비전 안테나, 수도관, 가스관 등이 나오는 집 벽의 작은 구멍에서 나온다고 이야기했습니다. 변호사는 노인이 정신 질환을 겪고 있는 환자라는 사실을 알아차렸음에도 집에 가서 좀 살펴보겠다고 말해주었습니다. 그리고는 노인의 집에 고무를 가져가서 벽에 있는 구멍을 모두 꽉 막았습니다. 노인은 며칠 뒤 사악한 눈빛이 사라졌다고 이야기하며 기뻐했죠.

노인은 망상증에 걸려 누군가 자신을 노려본다고 생각했지만, 그것이 공상이라는 점을 전혀 인지하지 못했습니다. 오히려 생각이 진짜 현실이라고 믿으며 불안에 떨었습니다.

대체로 망상증은 비정상적인 사고방식으로 쉽게 고치기 힘듭니다. 망상은 일반적으로 사람들이 굳게 믿는 잘못된 생각, 예를 들면 편견, 미신, 오해와는 완전히 다릅니다. 그런 잘못된 생각은 교육과 경험을 통해 얼마든지 바뀔 수 있기 때문입니다.

지금 죽고 싶을 만큼 힘이 든다면

공상에는 어떤 일을 동경하고 그 일이 자신에게 일어나기를 기대하는 심리가 반영되어 있습니다. 공상이 일어나는 원인은 개인의 능력이 부족하거나 원하던 일이 물거품이 되었기 때문입니다.

가벼운 공상은 긍정적인 작용을 일으키는 심리 방어기제의 역할을 합니다.

심리학자 빅터 프랭클Viktor Frankl은 공상이 사람에게 앞날을 살아갈 힘을 더해준다는 사실을 발견했습니다. 제2차 세계대전이 일어났을 때 그는 강제수용소에서 4년 동안 갇혀 있었습니다. 많은 사람이 학대를 견디지 못하고 수용소에서 죽어갔습니다. 훗날 그는 수용소에서 일부 사람들이 생존할 수 있었던 이유를 그들이 '희망적인 미래를 상상했기 때문'이라고 보았습니다. 수용소에서 살아남을 수 있는가의 여부는 나이나 신체 조건과는 큰 상관이 없었던 것이죠.

현대 심리학자들 역시 비슷한 견해를 제시합니다. 〈애틀랜타 저널-컨스티튜션The Atlanta Journal-Constitution〉은 '백일몽'을 꾸는 것이 건강에 유익하다는 연구 결과를 보도한 바 있습니다. 백일몽은 정신이 또렷할 때 떠올리는 공상으로, 복권에 당첨

되거나 오래전부터 꿈꾸던 곳에 여행을 가는 상상 등이 있죠.

미국 다트머스대학교의 연구에 따르면 사람들이 백일몽을 꿀 때 대뇌의 활동은 실제로 상당히 활발해진다고 합니다. 또한 애틀랜타 리버파인즈 심리치료협회에서 브라이언 와이스Brian L. Weiss 박사가 발표한 바에 따르면, 백일몽은 심리 장애 환자가 문제에서 빠져나오도록 유도해주는 역할을 합니다.

공상은 시야를 넓히고 잠재 능력을 불러일으키며 스스로 변화할 기회를 찾게 해줍니다. 심리학적으로 보면 모든 사람에게는 페르소나(persona, 가면을 쓴 인격-역주)가 있습니다. 우리는 현실에서 이런 저런 규칙에 둘러싸여 늘 자신의 말과 행동을 조심하며 살아갑니다. 공상은 현실을 초월한다는 특징이 있죠. 공상 속에서는 현실 세계가 멀게 느껴지며 즐거움과 평온함을 얻을 수 있습니다.

미국의 심리학자 피터 델라니Peter F. Delaney는 이렇게 말했습니다.

"상상력은 문제 해결의 열쇠다. 아무리 생각해도 이해가 되지 않을 때 백일몽은 당신에게 해답을 알려줄 수 있다."

그가 이렇게 말한 이유는 공상은 현실적인 조건이나 고정된 사고방식의 제한을 받지 않기에, 흔히 사람들의 최대 관심사가 공상의 주제가 되기 때문입니다. 공상은 위대한 예술 작품을 창작하는 과정에서도 나타납니다. 작곡가 요하네스 브람스는 "저는 명상을 하고 있을 때만 악상이 계속해서 머릿속에서 떠오릅니다"라고 말하기도 했습니다.

이 외에도 공상은 우리가 문제를 더 넓은 범위에서 살펴보도록 해줍니다. 정신이 또렷할 때 우리가 문제를 생각하는 방식은 추상적이고 개략적입니다. 게다가 우리는 자신이 보고 싶어 하는 방식으로만 사건을 대할 때가 많죠. 자존심과 체면 때문에 스스로를 속이는 실수를 하기도 합니다.

상상은 현실의 문제도 해결해줄 수 있을까

현실을 벗어난 공상은 자유롭기 때문에 더 편하고 솔직하게 자기 내면을 바라볼 수 있습니다. 지금 나의 심리 상태는 어떠한지, 나는 어떤 사람인지를 다양한 시각에서 관찰해볼 수 있죠. 하지만 공상은 기분이 진정되고 위안을 얻을 수 있는 효과가 있긴 하지만, 현실의 문제까지 해결해주지는 못합니다. 결국 문제를 해결할 수 있는 건 공상이 아니라 실제 행동이기 때문입니다.

만약 공상이 실제 행동을 대체하게 되면 파괴적인 작용

으로 나타날 가능성이 있습니다. '과대망상'이 바로 그 예입니다.

최종면접을 앞둔 취업준비생이 있었습니다. 기대와 달리 그는 면접에서 떨어졌고, 원했던 회사에 갈 수 없게 되었습니다. 게다가 미래를 약속했던 여자 친구까지 그에게 이별을 통보했습니다. 한동안 충격을 이기지 못한 그는 날마다 '내가 취업을 했더라면 얼마나 좋았을까. 그러면 여자 친구도 나를 떠나지 않았을 텐데'라고 생각했습니다. 얼마 지나지 않아 그는 자신이 취업에 성공했다고 여기저기에 말하고 다니기 시작했습니다. 그리고 여자 친구에게는 이제 취업했으니 마음을 돌리라고 설득하기도 했습니다.

스스로의 힘으로는 진짜 현실을 바꿀 수 없었던 그는 자기 머릿속에 있는 현실이라도 바꾸었습니다. 공상 방어기제의 효과를 제대로 보려면 현실의 문제를 어느 정도 바라보아야 합니다. 현실을 완전히 외면할수록 공상은 더 심해지고, 결국에는 그 공상이 현실처럼 느껴지는 과대망상이 일어날 수 있습니다.

앞서 인과응보라는 말에 공상적인 요소가 있다는 점을 살펴보았습니다. 그 개념을 조금 더 자세히 들여다보면 악한 사람이 여전히 악한 일을 하도록 방치한다는 문제가 남아 있습니다. 악한 사람은 언젠가는 대가를 치르기 마련이니 굳이 그들의 문제에 개입해 애써 싸울 필요가 없다고 보는 것이죠. 즉, 근본적인 현실 문제를 해결하려 나서지 않고 책임을 방치해버리는 결과가 나타날 수 있습니다.

지나친 공상은 범죄자들의 범죄 수법이 갈수록 잔악해지는 원인이 되기도 합니다. 20세기, 미국에서 가장 위험하고 악명 높은 살인범 일곱 명이 나타났습니다. 그중 한 사람이 에드먼드 캠퍼Edmund Kemper입니다. 캠퍼의 어린 시절은 그의 심리 건강에 심각한 영향을 미쳤습니다. 그는 늘 가족들에게 억압과 멸시를 당했고, 자기 손으로 직접 누나와 여동생을 죽이는 공상에 빠져 살았습니다. 그리고 저녁이면 칼과 도끼를 들고 어머니의 침대에 누워서 어떻게 어머니를 죽일까 상상했다고 합니다.

어린 시절 캠퍼에게 공상은 자신의 마음을 보호하기 위한 것에 불과했습니다. 그가 스트레스를 해소하는 방법이었죠. 하지만 시간이 흐르면서 그런 방법으로는 스트레스를 더 이상 해소하지 못했고, 그는 공상을 실제 행동으로 옮기기 시작했습니다.

대다수의 연쇄 살인범은 자신의 공상 세계에 심각하게 사로잡혀 있습니다. 범죄를 거듭할수록 공상이 없어지지 않고 오히려 더 강화됩니다. 이 사악한 공상은 그들이 범죄를 일으키도록 부추깁니다. 구체적인 과정을 떠올리고 머릿속으로 경험을 정리하면서 어떻게 해야 사람을 더 '완벽'하게 죽일지 상상합니다.

캠퍼는 심지어 실제 살인이 아무리 완벽하더라도 상상한 것보다는 훌륭하지 않다는 결론을 내리는 지경에 이르기도 했습니다. 공상을 행동으로 옮긴다고 하더라도 자신의 욕구가 완전히 충족되지는 않습니다. 그래서 범죄자들은 자기 공상 속 완벽한 범죄를 현실에서 이루기 위해 계속해서 범죄를 일으키는 것이죠.

혹시 주변에 공상에 빠져 일상을 제대로 살아가지 못하는 사람이 있다면, 그들이 현실과 상상을 구분할 수 있도록 끝없이 말을 걸어 주어야 합니다. 꾸준히 대화하고 다양한 사람들과 교류해야 자신만의 세계에 갇히지 않을 수 있습니다. 지나치게 사용하지만 않는다면, 공상은 마음의 고통을 줄여 나를 지켜주는 좋은 방어기제가 될 것입니다.

문제는 안이 아니라
바깥에 있다

'내사'라는 심리 방어기제가 있습니다. '내사'란 외부의 대상이나 자신이 높이 평가하는 어떤 인물의 특정을 자신의 행동과 신념에 끌어들이는 것을 말합니다.

'근주자적 근묵자흑近朱者赤 近墨者黑'이라는 고사성어가 있죠. '붉은색을 가까이하는 사람은 붉어지고 먹을 가까이하는 사람은 검어진다'라는 뜻인데, 이 역시 내사 현상이 내포된 말입니다.

아이가 성장 과정 중에 부모에게서 여러 가지 행동과 생각을 익히는 것도 내사의 영향입니다. 또 부모의 행동만이 아이에게 영향을 주는 건 아닙니다. 아이는 부모의 과한 '암시'도 똑똑히 기억합니다.

딸아이를 둔 한 엄마가 상담소를 찾은 적이 있었습니다. 그 엄마는 사람들을 만날 때마다 계속 이런 말을 했습니다.

"우리 아이는 보통 아이들과는 달라요. 선천적으로 몸이 약해서 머리가 정상이 아니고 학습 능력이 떨어져요. 아이가 지능 저하 장애가 있어서 걱정이에요."

하지만 여러 병원에서 검사와 지능 테스트를 통해 아이에게는 아무런 문제가 없다는 점이 밝혀졌습니다. 지능 수준도 정상이었죠. 사실 아이의 성적이 나쁜 건 노력을 게을리했기 때문이지 결코 지능 저하 때문이 아니었습니다.

이후 아이는 성적이 떨어져 학교 선생님과 상담을 할 때마다 이렇게 말했다고 합니다.

"저는 머리가 나빠서 공부를 못해요. 어떻게 해야 할지 모르겠어요."

엄마가 아이에게 부정적인 암시를 많이 한 탓에, 아이는 자신의 머리가 나쁘다는 핑계로 공부를 열심히 하지 않았고 성적도 나빠졌습니다. 엄마의 말을 굳게 믿어버리는 '내사' 현상이 아이에게 일어난 것입니다.

스스로에 대한 강한 믿음이 필요하다

내사는 외부 세계를 광범위하게 흡수하므로 결코 선택적
으로 일어나지 않습니다. 따라서 자신에게 확실한 생각이나
이념이 전혀 없는 사람에게서 자주 일어납니다. 자존감이 낮
고 자신만의 인격, 의지, 신념이 없으면 자신도 모르게 다른
사람의 견해를 흡수하는 내사 현상이 나타날 가능성이 더 높
습니다. 보편적으로 내사를 미성숙한 심리 방어기제로 보는
이유입니다.

인격이 아직 완전히 발달하지 못한 단계에 있는 아이들에
게 이러한 내사 현상은 더욱 쉽게 일어날 수 있습니다. 또한
매우 위험한 상황에 직면해서 죽음에 대한 두려움이 생겼을
때에도 내사 현상은 쉽게 발생합니다. 가령 적의 포로가 되거
나 강도에게 잡혀가 인질이 되는 등 생명에 큰 위협을 느꼈을
경우입니다. 이때 사람들은 자신이 원래 가지고 있던 생각과
이념을 버리고 적의 생각이나 강도의 의견을 받아들이게 됩
니다. 살기 위해 정신적으로 굴복하는 것이죠.

영화나 드라마에서 오랫동안 어느 조직 아래에 있던 사람
이 예상치 못한 생명의 위협 앞에서 자신의 조직을 배반하고
다른 편으로 돌아서는 일은 흔하게 찾아볼 수 있죠. 옳고 그

름에 대한 확실한 의지가 없을 때 심리적으로 갈등을 겪다가
결국 내사 현상의 영향을 받는 것입니다.

내사는 다른 사람의 잘못을 이용해 스스로를 징벌하는 형
태로 나타나기도 합니다. 예를 들어 어떤 사람은 타인과 사회
에 불만을 가지고 있지만 직접적으로 표현하지 못합니다. 이
런 사람이 극단적인 상황에 처하면 다른 사람에 대한 불만이
자기 자신에 대한 미움과 증오로 변할 수 있습니다. 억울한 일
을 당한 후에 자살을 하거나 자해를 하는 것 역시 같은 원리입
니다.

직장에서 괴롭힘을 주도하는 상사가 있었습니다. 상사는
자기 일을 떠넘기는 것은 물론이고 무시와 폭언을 일삼았습
니다. 상사의 괴롭힘을 견디지 못한 직원은 결국 자신의 목숨
을 끊어버렸습니다. 사실 해치고 싶은 것은 상대방인데, 이것
은 사회적으로 용납되지 않기 때문에 분노의 화살을 끝내 자
기 자신으로 돌려버린 것이죠.

지금 갈등을 겪고 있거나 해결하기 힘든 어려운 일이 있
나요? 그 문제는 어쩌면 여러분에게서 비롯된 것이 아닐 수
도 있습니다. 문제의 원인을 자신 안에서 찾지 말고 외부로
눈을 돌려 보세요. 타인의 생각과 신념이 여러분에게 그릇된

방식으로 나타난 것이라면 자신의 의지를 굳게 하고 자기 제어 능력을 길러야 합니다. 그랬을 때 미성숙한 심리 방어기제인 내사를 사용하는 경우도 줄어들 수 있습니다. 스스로에 대한 강한 믿음이 무분별하게 외부 세계에 끌려다니는 것을 막아줍니다.

자신과 비슷한 사람에게 끌리는 이유

우리는 대부분 아무런 선택성 없이 광범위하게 외부 세계를 받아들이지 않습니다. 특정한 심리적 동기를 통해 선택적으로 어떤 사물이나 인물을 받아들이고 모방하죠. 심리학에서는 이를 '동일시'라고 부릅니다. 내사와 비슷하지만 '선택적 수용'이라는 점이 다릅니다.

'동일시'란 어떤 사람이나 단체의 행동을 받아들이거나 따르는 경향을 가리킵니다. 자신의 능력, 안정감과 소속감 등을 높이기 위해 다른 사람의 장점을 흡수할 때 동일시란 심리 방어기제를 사용하게 됩니다.

한 행동경제학자는 다음과 같은 실험을 했습니다.

흑인 학생들 몇 명을 두 개의 조로 나눈 뒤 치아를 어떻게 관리해야 하는지 알려주는 영상을 보여주었습니다. 영상의 내용은 완전히 동일했고 등장인물만 달랐죠. 한 영상에서는 백인 치과의사가, 다른 영상에서는 흑인 치과의사가 등장했습니다. 실험 결과에 따르면 흑인 치과의사가 나온 영상을 본 흑인 학생들의 치아가 몇 개월 후에 더 깨끗했다고 합니다.

이 실험 결과는 흑인 학생들이 흑인 치과의사의 견해를 더 쉽게 받아들였으며 그 견해에 따라 자신의 행동을 조정했다는 점을 알려줍니다. 이와 비슷하게 우리는 잘 모르는 어떤 물건을 사기 위해 여러 의견을 듣고 정보를 모읍니다. 하지만 이런 의견과 정보는 판매원의 다음과 같은 말 한마디보다 설득력이 떨어집니다.

"방금 저 고객님은 손님이랑 상황이 똑같아요. 저 고객님도 이 제품을 쓰거든요. 이것 보세요. 이번에 이렇게나 많이 사셨어요."

이는 사실 동일시 작용의 '유사 모방' 현상입니다. '유사 모방'이란 자신과 비슷한 특성을 가진 사람에게 동질감을 느끼고 그 사람의 행동을 모방하는 현상을 가리킵니다.

모방하는 대상은 자신이 존경하거나 숭배하는 사람일 가능성이 높습니다. 예를 들면 얼굴이 예쁘지 않아 외모에 열등감이 있는 여자가 예쁜 여자와 친구가 되고 싶어 합니다. 그 이유는 다른 사람들이 그녀의 친구를 예쁘다고 칭찬할 때 그

너 역시 '나는 이렇게 예쁜 애와 친하게 지내'라며 자부심을 느낄 수 있기 때문입니다.

동일시는 기본적으로 내사에서 생겨납니다. 내사와 동일시 모두 인격이 아직 성숙하지 않을 때 나타납니다. 누구나 이 과정을 겪을 수는 있지만, 동일시와 내사가 자주 일어난다면 자존감은 더욱 낮아질 수 있습니다. 내면의 단단함이 없어지고 껍데기만 남을 뿐이죠. 동일시 방어기제는 다음 장에서 조금 더 자세히 살펴보도록 하겠습니다.

2장

모두에게 사랑받으려 노력할 필요는 없다

홀로서기 할 수 있다면
그것만으로도 충분하다

동일시
....

프로이트의 견해에 따르면 '동일시'는 인격을 형성하고 자아와 초자아를 발달시키는 중요한 수단입니다. 성장 과정에서 주변 환경은 아주 중요한데요. 아동기에서 청소년기까지는 타인과 자신을 동일시하며 인격이 형성되기 때문입니다. 외부의 대상과 자신을 동일시함으로써 사회 집단의 태도와 관습을 익히고 자아를 확립하게 되는 것이죠.

동일시를 방어기제로 볼 수 있는 이유는 자신보다 지위가 높거나 성과가 뛰어난 사람과의 동일시를 통해 현실에서 성공하거나 만족하지 못해 생기는 불안과 고통을 없앨 수 있기 때문입니다. 심리적으로 다른 사람의 성공을 함께 누림으로써 만족감과 자신감을 얻습니다.

동일시의 대상은 대부분 자신이 사랑하거나 우러러보는

사람입니다. 그래서 아동기에 부모는 자녀에게 신적인 존재와 같죠. 자녀는 적극적으로 부모와 자신을 동일시하여 자아 이미지를 형성합니다. 그러다 어느 정도 자녀가 성장하면 부모는 더 이상 신이 아니게 됩니다. 하지만 자녀의 잠재의식 속에서는 여전히 부모가 대체 불가능한 존재로 자리 잡아 있기에, 자녀는 부모가 지키는 사회규범을 적극적으로 받아들이고 도덕규범에 대한 선택 기준을 형성하는 것입니다.

삶을 즐겁게 해주는 나의 '최애'는 누구인가

'우상과의 동일시'는 특정 인물을 우상화하여 그의 팬처럼 행동하거나 연예인을 맹목적으로 따르는 현상으로, 흔히 볼 수 있는 동일시 사례입니다. 그 사람의 외모나 스타일을 따라 하고, 심지어는 똑같은 얼굴로 성형 수술을 하려고도 하죠. 그러면 자신이 발전하고 있다는 생각이 들고 정말 그 사람처럼 될 수 있다는 자신감까지 생깁니다. 그 사람과 가까워진 것 같은 느낌도 들고요. 또 좋아하는 스타가 큰 성공을 거두었을 때 유난히 기뻐합니다. 그 스타의 성공을 함께 누리면서 자신이 성공하고 싶은 욕망을 충족할 수 있기 때문입니다.

삶에 활력을 주는 수준의 우상과의 동일시 기제는 자기만족과 자부심을 느끼게 한다는 데 의의가 있습니다. 롤모델에게서 좋은 영향을 받을 수 있죠. 하지만 맹목적인 추종은 실제 삶에서의 만족도를 떨어뜨리고 자신감을 결여시킵니다. 따라서 동일시는 양날의 검과 같습니다. 우상과의 동일시를 잘 사용한다면 삶을 열정적으로 살아갈 수 있는 원동력이 됩니다.

그렇다면 어떻게 우상과의 동일시 기제를 잘 사용할 수 있을까요? 바로 우상이 성공할 수 있었던 배경을 분석하고 그 사람의 인격적인 매력에 관심을 기울이는 것입니다.

미국의 유명한 농구선수 코비 브라이언트는 어렸을 때부터 마이클 조던을 자기 마음속의 우상으로 삼았습니다. 언젠가 자신도 농구 스타가 되어 조던과 같이 뛰는 모습을 늘 꿈꿨다고 합니다.

처음에는 그 역시 조던의 패션과 라이프 스타일을 따라 했습니다. 그러다가 그의 가족과 선생님은 그에게 마이클 조던의 겉모습만 따라 하지 말고, 조던의 가치관과 농구 기술을 배워보는 것이 어떻겠느냐는 조언을 해주었습니다. 코비 브라이언트는 이들의 조언에 따라 마이클 조던의 슛 자세와 농구 기술을 모두 습득했습니다. 그리고 노력 끝에 마침내 자신의 꿈을 이룰 수 있었습니다.

코비 브라이언트는 마이클 조던의 피나는 훈련과 꿈을 향한 열정, 도전 정신, 인격적 매력, 농구 실력을 자신과 동일시했습니다. 이는 동일시의 긍정적인 영향이라고 할 수 있죠.

또한 미국의 42대 대통령 빌 클린턴 역시 동일시로 큰 효과를 보았습니다. 가난한 집안 출신이었던 그는 우연히 미국 대통령인 존 F. 케네디의 풍모를 보고는 그에게 매료되었습니다. 그 뒤로 그는 대통령이 되는 걸 인생의 목표로 삼았죠. 빌 클린턴은 케네디의 도전 정신과 인격적 매력을 본받으며 꾸준히 노력했고 결국 백악관에 입성하는 데 성공했습니다.

모든 사람에게는 각자의 꿈과 우상이 있으며 우리는 무의식적으로 자신과 우상을 동일시하곤 합니다. 만약 자신이 지금 누군가를 열렬히 숭배하고 있다는 사실을 깨달았다면, 단지 그들의 겉모습을 모방하기보다는 그들의 노력과 성공을 분석하며 자신의 성공을 추구하는 것이 좋습니다. 그래야 동일시 기제의 효과가 더 잘 발휘될 수 있고 자존감도 높일 수 있을 테니까요.

나는 혼자 있고 싶지 않다

동일시의 대상은 사람에게만 국한되지 않습니다. 어떤 조직이나 집단이 될 수도 있습니다. 예를 들어 어렸을 때부터 공부할 기회가 없었던 사람은 학술 연구 단체에 가입하고 싶어 합니다. 일단 그 단체의 회원이 되고 나면 그는 계속해서 사람들에게 자신이 속한 단체가 얼마나 좋은지, 자신이 그 단체에서 얼마나 중요한 사람인지 자랑합니다.

조직이나 단체를 자신과 동일시하는 가장 기본적인 원인은 본능적인 의존성 때문입니다. 모든 사람에게는 안정감을 얻고자 하는 욕구가 있습니다.

미국의 심리학자 스탠리 샥터Stanley Schachter는 집단 의존성에 대한 실험을 진행했습니다. 그는 피험자들에게 짧은 전기 충격을 가할 것이라고 말했습니다. 그리고 그들에게 실험실의 무서운 전기 장치와 흰색 가운을 입은 실험 관계자를 보여주었죠. 피험자들은 곧바로 두려움을 보였습니다. 그러자 실험 관계자는 피험자들에게 실험은 10분 뒤에 시작되며 혼자서 기다릴지 다른 사람과 함께 기다릴지 선택할 수 있다고 말했습니다.

결과적으로 피험자 대다수는 다른 사람과 함께 기다리길 원했고 집단에 의존하는 경향을 보였습니다. 이처럼 사람들은 무력한 상태에 있을 때 다른 사람이나 집단에 대한 의존 심리를 보입니다. 그렇게 하면 두려움과 불안을 크게 낮출 수 있죠. 또한 이런 의존은 집단과의 동일시로 나타나기도 합니다.

멀리 떨어진 지역에서 학교를 다니거나 외국으로 유학을 간 사람은 고향에 있을 때보다 집단 활동을 더 중요하게 여깁니다. 그들은 적극적으로 향우회를 조직하고 참여하며 다양한 단체에 가입합니다. 미지의 세계에서 고립감을 느끼고 자신의 자리를 찾지 못했기 때문에, 집단의 도움을 받아 스스로를 보호하고 고립되지 않으려고 하는 것입니다.

개인에게 집단의 인정을 받는 일은 중요한 의미가 있습니다. 이는 마치 특정한 자격을 얻는 것과 같습니다. 집단과 동일시되고 집단의 인정을 받는 일은 자신을 더 가치 있어 보이게 만들며 자존심을 높이는 데 도움이 됩니다.

어떤 사람은 전에 있던 부서에서는 좋은 성과를 내지 못했지만, 우연히 실적이 좋은 부서로 이동한 후에는 자기 부서에 열렬한 애정을 나타내기도 합니다. 자기 부서의 이익을 위해 다른 부서와 격렬하게 논쟁하기도 합니다. 전에 있던 부서에서는 볼 수 없었던 모습입니다. 부서를 옮기기 전에 그는 자신감이 없고 심리적으로 불안했지만, 새로운 부서로 옮기고 나서는 집단의 성공을 이용해 자신의 실패를 보상하게 되었습니다. 그는 집단이 우수하니 자신도 우수하다고 생각하게 되었죠. 이렇게 집단과의 동일시 기제가 작용하면 자신감도 생기고 상처받는 것에서 마음을 보호할 수도 있습니다.

흔들리지 않고 자기중심을 지키려면

여러분은 사람들의 눈에 띄는 것을 두려워한 적이 있나요? 특이한 사람처럼 보일까 봐 자신의 의견을 당당하게 말하지 못하거나 대세를 따르지는 않나요? 대세를 따른다는 건 '동조'를 의미합니다. '동조'란 사람들이 은연중에 대다수의 의견을 기준으로 판단하고 이미지를 형성하는 심리 변화 과정을 가리킵니다.

동조는 동일시 방어기제에 따른 현상입니다. 남의 의견에 동조하면 상처받을 일도 없고 마음의 긴장과 불안을 없앨 수 있죠. 동조하는 사람은 다음과 같은 심리를 가지고 있습니다.

'다른 사람을 따라 하면 어차피 실수를 해도 나 혼자 실수하는 것보다는 비웃음을 덜 당할 거야.'

이렇게 사람들은 자신의 의견을 집단 속에 숨기거나 옷차림, 말과 행동 등에서 집단을 따르는 경향을 보입니다.

1952년에 심리학자 솔로몬 애쉬Solomon Asch가 한 유명한 실험은 '동조 효과'가 존재한다는 걸 증명했습니다. 우리는 그의 실험에서 사람들이 동조할 때 동일시 심리 방어기제를 사용한다는 것을 알 수 있습니다.

애쉬는 실험에 참가한 일곱 명의 대학생들에게 시력 검사 실험을 한다고 설명하고 서로 다른 길이의 선분을 보여준 뒤 어느 선분이 표준선과 길이가 같은지 고르라고 했습니다. 그는 실험의 진짜 목적을 알고 있는 가짜 피험자 여섯 명을 미리 대기시켜 의자에 줄줄이 앉게 했고, 진짜 피험자 한 명을 맨 끝에 있는 의자에 앉게 했습니다.

진짜 피험자 몰래 가짜 피험자 여섯 명에게는 모두 같은 대답을 할 것을 요구했습니다. 진짜 피험자는 잠시 망설이긴 했지만, 결국 다른 여섯 명이 고른 오답을 답으로 말했습니다. 실험이 끝난 다음 진짜 피험자에게 왜 그렇게 대답했느냐고 묻자 그는 이렇게 말했습니다.

"처음에 저 사람들이 말한 답이 분명히 정답이 아니라고 생각했습니다. 하지만 모두가 같은 답을 말하니 저는 내 눈이 잘못되었나보다 하고 생각하게 되었습니다."

진짜 피험자는 답을 고르기 전 아마 내적 갈등을 겪었을 것입니다. 다수가 같은 답을 골랐으니, 그것이 맞는 답이지 않을까 하는 생각이 들었는지도 모릅니다. 그는 자신의 실수와 불안한 마음을 없애고자 다수의 의견에 동의했습니다. 동일시 방어기제에 해당하는 행위입니다.

동조는 때로 외부의 강한 권위와 억압에 따르기도 합니다. 1517년에 로마의 교황 레오 10세는 성베드로대성당을 재건축하는 데 쓸 돈이 부족하자, 가난한 백성들을 속여 그들의 재산을 빼앗았습니다. 종교 지도자들은 천국의 문이 열릴 것이라 외치며 사람들에게 면벌부를 팔았죠. 당시 유럽에서 로마 교황의 권위는 하늘보다 높았고, 대부분 신실한 기독교 신자였던 일반 백성들은 종교 지도자들의 말을 믿을 수밖에 없었습니다.

여기서 사람들이 교황의 말을 따른 것은 사실 교황에 대한 동일시로 나타난 결과입니다. 사람들은 면벌부를 사지 않으면 지옥에 떨어질까 두려웠고, 이런 심리를 해소하기 위해 동일시 기제를 사용했던 것이죠.

평소 다수의 의견에 쉽게 휩쓸리는 사람은 내면이 불안하고 초조한 상태일 가능성이 높습니다. 타인의 시선과 의견을 지나치게 살피고 미움받지 않기 위해 최선을 다하죠. 물론 때로 동일시로 마음을 보호하는 일이 필요합니다. 하지만 뒷일을 생각하지 않고 무작정 대중을 따라가기만 한다면 자신이 선택한 결과를 뒤늦게 후회할 수 있습니다. 신념과 자기중심을 잃지 않기 위해서는 남들이 모두 틀렸다고 외칠 때 홀로 옳다고 말할 수 있는 용기가 필요합니다.

싫어하면서 왜 닮으려고 할까?

상황에 따라 동일시는 '적대적 동일시', '압제자와의 동일시', '대상 상실 동일시'로 나눌 수 있습니다.

'적대적 동일시'란 어떤 현상에 대해 한편으로는 반감을 느끼면서 또 한편으로는 그 현상을 모방하고 동일시하는 모순적인 행동을 하는 증상을 가리킵니다.

침착하지 못하고 소리 지르는 사람을 가장 싫어한다고 말하는 내담자가 있었습니다. 하지만 그 내담자야말로 화가 나는 일이 생기면 참지 못하고 자신도 모르게 습관처럼 소리를 질렀습니다. 그리고 나서 그는 매번 후회하며 다음에는 그러지 말아야지 하고 다짐했다고 합니다. 이러한 상황이 반복

되자 그는 "저도 제가 왜 그러는지 모르겠어요"라고 말했습니다.

사실 그는 매우 제멋대로인 어머니와 조용한 아버지를 두었습니다. 다툼이 일어났을 때 어머니가 소리를 지르면 아버지는 더 이상 아무 말을 하지 않았다고 합니다. 내담자는 그런 어머니의 모습이 싫었지만 자신도 모르게 어머니를 따라 하게 된 것입니다. 어떤 문제가 생겼을 때 목소리를 크게 내는 사람이 무조건 이긴다는 것을 알게 되었고, 이런 인식이 그의 잠재의식 속에 자리 잡았기 때문이죠.

'압제자와의 동일시'는 자신보다 강한 사람에게 괴롭힘을 당하고 있을 때, 자신을 괴롭히는 사람을 모방하는 것을 의미합니다. 협박으로 인한 두려움을 피하기 위해 자신도 똑같이 자신보다 약한 사람을 위협하거나 괴롭히는 것이죠.

가정폭력을 일삼는 아버지가 두 아들을 데리고 살았습니다. 아버지는 성질이 불같았고 아이들을 자주 때렸습니다. 시간이 지나 두 아이 중 형은 어른이 되었지만 아버지와 똑같이 동생을 두들겨 팼다고 합니다.

형은 아버지를 모방하고 있었던 것입니다. 늘 아버지에게 구타를 당했지만 아이로서는 이를 해결할 방법이 없었죠. 형은 동생을 때림으로써 아버지에게 괴롭힘당하는 스트레스를 해소했습니다.

이를 통해 압제자와의 동일시는 매우 위험한 심리 방어 기제라는 점을 알 수 있습니다. 압제자와의 동일시는 마음의 불안과 고통을 전혀 완화해주지 못하고 오히려 자신과 타인 모두를 해칠 수 있죠. 혹시 주변에 이런 성향을 가진 사람이 있다면 반드시 전문가와의 상담 치료가 필요합니다. 압제자와의 동일시는 혼자 힘으로 빠져나오기 아주 힘들기 때문입니다.

모든 이별에는 시간이 필요하다

'대상 상실 동일시'란 사랑하는 사람을 잃고 나서 그 사람의 특징을 모방하고, 그 사람의 전체 또는 부분적 인격을 자신에게 흡수함으로써 고통을 달래는 증상을 가리킵니다. 이 증상이 심해지면 이중인격이나 다중인격이 생기게 됩니다.

우리의 삶에도 그렇게 극단적이지 않은 수준의 대상 상실 동일시 현상은 존재합니다. 예를 들어 아내가 죽고 나면 남편은 아내가 살아 있을 때 했던 행동을 따라 하고 아내의 영혼이 아직 자신 안에 존재한다고 느끼면서 아내를 잃은 슬픔을 달랩니다.

어머니를 심장병으로 먼저 떠나보낸 어느 청년이 있었습니다. 청년은 어머니가 돌아가신 후로 자신이 심장병에 걸리지 않을까 걱정했습니다. 몸이 조금이라도 안 좋으면 의사에게 달려가서 혈액 검사와 심전도 검사를 받았고, 심장병으로 어느 날 갑자기 죽게 될까 봐 두려워했습니다. 매번 의사가 그에게 건강 상태가 좋으며 심장병에 걸리지 않을 거라고 말해도 그는 믿지 않았고 몸이 좋지 않을 때면 여전히 똑같은 행동을 했습니다.

이 청년은 어머니의 행동을 모방하고 있었습니다. 청년의 어머니는 살아 있을 때 아들의 건강에 매우 주의를 기울였다고 합니다. 그가 몸이 조금이라도 안 좋으면 어머니는 그의 맥과 머리를 짚고 재빨리 병원으로 데리고 가 검사를 했습니다. 어머니가 세상을 뜨고 나서 그는 자신도 모르게 스스로 어머니의 역할을 하면서 어머니가 자신을 보살피던 행동을 따라 한 것입니다.

청년은 어머니를 그리워했습니다. 어머니가 아직도 곁에 살아 있는 것 같고, 눈앞에서 말을 거는 듯했죠. 청년은 어머니를 잃은 슬픔을 달래기 위해 살아계실 적 어머니의 성격과 습관을 자신의 잠재의식 안에 간직하려 했습니다.

대상 상실 동일시는 가족의 죽음에만 국한되지 않습니다.

친한 친구나 연인이 멀리 떠났을 때도 그런 현상이 나타날 수 있습니다.

사랑하는 사람과 이별하고 나면 공허하고 쓸쓸해집니다. 그래서 그 사람의 버릇이나 말투를 떠올리고 따라 하게 됩니다. 말버릇을 따라 하고 있으면 그 사람이 여전히 자기 곁에 있는 듯한 느낌이 듭니다.

대상 상실 동일시 기제를 사용하는 사람은 대부분 자신의 행동 변화를 의식하지 못합니다. 하지만 주변에 있는 사람은 그 점을 쉽게 알아차립니다. 만약 당사자의 행동 변화가 그의 일상에 특별한 영향을 주지 않고 오히려 그가 이별을 받아들이고 상실한 대상에 대한 그리움을 달래는 데 도움을 준다면 그런 행동을 애써 바로잡을 필요는 없습니다. 이러한 동일시 역시 이별의 상처를 받아들이는 정상적인 과정이기 때문입니다. 사랑한 만큼 모든 이별에는 시간이 필요합니다. 떠나간 사람의 모습을 충분히 머릿속에 그리고, 그 사람과 함께 했던 소중한 기억을 천천히 잊을 수 있도록 기다리는 시간을 스스로 허락해주세요.

나를 괴롭히는 사람을 불쌍히 여기는 심리

프로이트는 오이디푸스 콤플렉스로 인해 남자아이가 일반적으로 아버지와 자신을 동일시한다고 말했습니다. 이를 '공격자와의 동일시'라고 합니다. 안나 프로이트의 분석에 따르면 '공격자와의 동일시'란 주체가 외부의 위험에 직면했을 때 자신을 공격자와 동일시하여 공격성을 원형 그대로 이어받거나 신체적, 정신적으로 공격자를 모방하거나 공격자의 세력을 상징하는 사물을 받아들이는 행동을 가리킵니다.

예를 들어 귀신이 있다는 생각 때문에 밤길을 걷는 걸 매우 무서워하는 사람이 있었습니다. 하지만 그는 곧 자신이 귀신이 되었다고 여기니 덜 무섭게 느껴졌다고 말했습니다.

폭력적인 상황에서는 공격자와의 동일시가 나타날 가능성이 높습니다. 이 점을 이해하면 우리는 영화나 드라마에 나오는 감옥에서 발생하는 폭력 사건을 더 쉽게 이해할 수 있습니다.

제2차 세계 대전 중에 나치 강제수용소에서 전쟁 포로들은 학대와 모욕을 당했고 생명에 심각한 위협을 받았습니다. 나중에 수용소에 갇힌 일부 포로들은 생존을 위해 흉악한 나치 군인들을 따라 하기 시작했습니다. 그들은 나치 군인들처럼 말하고 행동했으며 어떤 경우는 같이 수용소에 갇힌 사람을 학대하기까지 했습니다.

'스톡홀름 증후군Stockholm Syndrome'이라고 불리는, 피해자의 자기모순적 심리 현상에도 공격자와의 동일시 현상이 나타납니다.

스톡홀름 증후군은 1973년의 어느 강도 사건으로 생겨난 심리학 개념입니다. 강도 두 명은 스웨덴의 수도 스톡홀름에 있는 가장 큰 은행에 침입해 돈을 훔치려 했습니다. 하지만 범행은 실패했고 그들은 안전하게 도주하기 위해 네 명의 은행 직원을 인질로 잡았습니다. 그들은 인질과 함께 경찰과 130시간 동안 대치했지만 결국 체포되었죠.

이상한 점은 이 사건이 발생한 지 몇 개월 후에 인질로 사로잡혔던 네 명의 은행 직원이 강도들에게 놀랍게도 연민의 감정을 보였다는 것입니다. 그들은 그 강도들을 고소하고 싶어 하지 않았습니다. 오히려 강도들을 변호하기 위한 자금을 마련하고 경찰에게 적대적인 태도를 취했습니다.

이런 증상이 일어난 원인이 무엇인지 정확히 밝혀진 바는 없습니다. 다만 한 가지 확실한 사실은, 납치되었을 동안 인질들이 동일시 심리 방어기제를 사용하였고 그 때문에 폭력적이고 적대적인 행동을 보였다는 점입니다.

이는 앞서 언급했던 '압제자와의 동일시'와 좀 비슷해 보이지만, 두 개념은 사람들의 인지 변화에서 차이가 있습니다. 압제자와의 동일시 방어기제를 사용할 때는 그저 단순한 모방일 수 있습니다. 반면에 공격자와의 동일시는 당사자가 이미 마음속으로 공격자의 행동을 수용했으며 그런 행동을 해도 된다고 생각할 때 일어납니다. 공격자와의 동일시는 좋은 방어기제라 볼 수 없습니다. 불안을 완화해줄지는 모르지만 다른 사람에게 해를 입힐 수 있기 때문입니다.

지금 어떤 이유로 남을 지나치게 동일시하고 있나요? 그렇다면 나는 타인을 동일시하는 만큼 나 자신을 사랑하고 있는지를 먼저 생각해보면 좋겠습니다. 그리고 자신에게 부정적인 영향을 주는 동일시 방어기제를 자주 사용한다면 지금 내가 무엇 때문에 불안하고 상처받았는지를 먼저 파악하는 것이 중요합니다. 또는 삶의 활력소가 되는 동일시 방어기제를 적극적으로 활용해보기를 바랍니다. 동경하는 대상을 따라 멋있는 인생을 살 수 있을 것입니다.

타인을 지나치게 의존하지 않고 홀로서기 할 수 있다면, 그리고 나에게 긍정적인 영향을 주는 동일시 방어기제를 사용할 줄 안다면 그것만으로 여러분은 충분히 행복할 수 있습니다.

아픔 뒤로 숨는다고
달라질 건 없다

신체화

미국의 한 고등학교에서 이천 명이 넘는 선생님과 학생이 2주 동안 단체로 격리된 적이 있었습니다. 그 원인은 백칠십여 명의 학생과 선생님이 위통, 두통, 현기증, 기면 등의 증상을 보였기 때문입니다. 보건당국에서는 교내 식당과 기숙사의 위생 상태를 검사하고 병을 일으킬 만한 원인이 있는지 꼼꼼하게 조사했지만 아무런 문제도 발견하지 못했습니다. 병원의 검사 결과에서도 선생님과 학생들의 몸에 아무런 이상이 나타나지 않았죠.

왜 이런 일이 생겼을까요? 알고 보니 사건이 발생하기 전에 이 고등학교에서는 학교에 유행성 질병이 돌 거라는 헛소문이 있었다고 합니다. 그 헛소문으로 인해 선생님과 학생들은 계속 불안과 두려움에 떨어야 했죠. 그러더니 언제부터인가 유행성 질병 증상을 보이는 학생과 선생님들이 정말로 나타났습니다. 하지만 아무리 조사해도 전염병을 일으킬만한 바이러스는 발견되지 않았고, 어느 정도 시간이 흐르자 다행히 병은 자연스럽게 사라졌습니다.

이 사례는 '신체화'의 집단 반응으로 볼 수 있습니다. '신체화'란 심리 문제가 신체 증상으로 나타나는 방어기제입니다. 몸에 병이 있으면 마음에도 병이 생기고, 반대로 심리적인 질병이 신체 건강에 나쁜 영향을 미치는 것을 말합니다.

우리는 때로 정신적인 고통과 불안을 신체 증상으로 전환해 표현합니다. 그러면 '내가 지금 이렇게 힘든 이유는 몸이 아파서 그런 거야'라고 생각할 수 있습니다. 보통 신체화 현상은 무의식적으로 일어나기 때문에 사람들이 잘 알아차리지 못하는 특징이 있습니다.

제1차 세계 대전 때의 일입니다. 어떤 결사대가 한 부대를 맹렬히 공격했습니다. 부대원의 수가 거의 수백 명이나 되었지만, 그들은 결사대의 공격을 두려워했습니다. 곧 포로로 잡혀가 죽게 될까 봐 불안한 상태로 전쟁을 계속해야 했습니다. 그러던 어느 날 병사들 중 한 사람이 갑자기 전신이 경직되는 증상을 보였고, 얼마 후 모든 병사들이 똑같은 증상을 호소하기 시작했습니다. 그들은 결국 결사대의 포로가 되었죠.

사실 병사들의 증상은 신체적인 질병이 아닌 것으로 밝혀졌습니다. 심리학자들의 분석에 따르면, 심리적인 요인의 영향으로 신체 질병 증상이 나타났던 것입니다. 그들은 너무나 두려웠던 나머지 무의식적으로 마음의 문제를 신체화 증상으로 해결했습니다. 물론 병사들은 그 점을 전혀 의식하지 못했죠.

신체화 증상은 신체 질병으로 생기는 게 아니기에 약물 치료는 대부분 효과가 없습니다. 신체화는 단지 우리의 잠재의식에서 '조작'된 증상일 뿐이죠. 건강한 사람도 신체화 증상을 보일 수 있습니다. 예를 들면 평소에 건강하던 학생이 시험 기간만 되면 설사를 하는 경우가 있습니다. 어떤 약을 먹어도 소용이 없었는데, 시험이 끝나고 나면 몸이 괜찮아집니다. 또 하기 싫지만 해야 하는 일이 밀려 있을 때는 밥맛도 없고 소화도 안 되다가, 그 일을 모두 끝내고 나면 아무 일도 없었던 것처럼 다시 건강해집니다. 이런 증상들은 모두 신체화의 표현입니다.

만약 이런 문제가 반복된다면 단지 몸이 안 좋다고만 생각하지 말고 마음의 병을 치료해야 합니다. 같은 증상이 반복되지 않도록 마인드 컨트롤 하는 것도 필요하고요. 신체화 증상을 계속 방치하면 또 다른 문제가 생길 수 있습니다. 자신감 부족과 신경과민 등으로 대인관계에 부정적인 영향을 주거나 일상생활이 불편해질 정도로 극한 스트레스를 받을 수 있습니다.

참을 인 세 번이면 '화병'이 된다

방어기제 중 '억압'에 대해 앞서 이야기했는데요. 억압된 감정은 사라지지 않고 다른 방식으로 나타난다고 했죠. 사실 신체화 증상은 억압의 표현 방식이기도 합니다.

수십 년간 중풍에 걸린 시어머니를 모신 며느리가 있었습니다. 며느리는 거동이 불편한 시어머니에게 음식을 먹이고 몸을 씻기며 정성스레 간호했습니다. 그런데 어느 날부터인가 시어머니가 있는 방에만 들어가면 가슴이 답답하고 속이 더부룩해졌습니다. 나중에는 경련성 통증을 심하게 앓기도 했죠. 병원에서 여러 번 검사해도 신체적인 질병은 발견되지 않았습니다.

알고 보니 며느리는 자신도 모르게 오래전부터 속으로 시어머니를 미워하고 있었습니다. 아픈 시어머니는 신경이 점점 예민해져 욕을 퍼붓거나 짜증을 내기도 했고, 먹다 남은 음식을 며느리에게 던져버리는 날도 있었죠. 그때 며느리는

'이렇게는 못 살겠어. 차라리 시어머니를 죽이는 게 낫겠어'라는 생각이 스쳤습니다. 하지만 곧 양심의 가책을 느끼고는 자신의 감정을 꾹꾹 눌렀습니다.

며느리의 잠재의식은 시어머니에 대한 미움과 분노와 원망으로 가득 차 있었습니다. 하지만 도무지 이를 겉으로 표현할 길이 없어 참고 또 참으며 마음을 숨겼던 것입니다. 오랜시간에 걸쳐 속으로 삼켜두었던 감정이 신체화 증상으로 나타난 사례였습니다.

억압된 감정을 마음껏 드러낼 수만 있다면 신체화 증상은 사라질 가능성이 높습니다. 하지만 그러기 위해서는 주위의 도움이 필요합니다. 혼자 끙끙 앓던 마음의 병이 어느 순간 갑자기 괜찮아지지는 않습니다. 스스로 해결하려 하지 말고 나의 이야기를 들어줄 좋은 사람들을 주변에서 찾아보세요. 마음속 깊은 곳에 가둬두었던 억압된 감정을 누군가에게 쏟아내는 것만으로도 증상은 충분히 완화될 수 있습니다.

사랑은 구걸할 수 있는 게 아니다

신체화 증상은 대부분 퇴행, 합리화 방어기제와 함께 일어납니다. 남들보다 멘탈이 약하고 자주 아프다는 이유로 힘든 상황에서 슬쩍 빠져나오려 하는 것입니다. 또 자신의 실패를 합리화하는 해석을 내놓기도 합니다. 나쁜 현실에서 벗어나고자 아픔 뒤로 숨는 본성은 누구에게나 있습니다. 신체화는 우리의 마음을 지켜주는 자연스러운 현상이지만, 자칫 스스로 문제를 해결해나가는 능력 자체를 없애버릴 수도 있습니다. '나는 아픈 사람이니까 어쩔 수 없어'라고만 생각하면 문제는 반복적으로 일어납니다. 아무것도 해결되지 않죠. 용기를 내어서, 오롯하게 자신의 힘으로 일어설 필요가 있습니다.

인간은 영리합니다. 생존하기 위해 자신을 지키는 다양한 방법을 만들어내죠. 그중 하나가 바로 아픈 사람이 되는 것입니다. 사실은 정말 아픈 게 아니라, 아픈 척해 사람들의 관심을 받거나 동정을 유발합니다. 또는 책임과 의무를 면제받고 비난을 피하기도 하죠. 이렇게 생긴 병은 의도적인 행동의 결과로, 신체화는 어쩌면 잠재의식에서 나타난 일종의 '꾀병'이라고 볼 수 있습니다. 예를 들어 일하기 싫은 날 직장인들은 아프다는 핑계를 대며 연차를 사용하거나 조퇴를 합니다. 아프다고 말하며 참석하기 싫은 회식 자리에서 빠지기도 하고요.

현기증과 두통에 시달리는 아이를 상담소에 데려온 어떤 엄마의 이야기가 생각납니다. 그 전에 이미 여러 병원에서 검사를 받았는데, 진료를 본 의사는 모두 아이에게 아무런 문제가 없다고 얘기했다고 합니다.

저는 아이의 성장 과정과 가정환경, 발병 시기 등을 물어보았습니다. 엄마는 아이가 계속 건강하다가 최근 6개월 동안 갑자기 이런 증상이 나타났다고 했습니다. 이야기를 들어보니, 아이의 엄마는 6개월 전 남편과 합의 이혼을 하면서 양육권을 가져왔다고 합니다. 이혼한 후 엄마는 아이를 보살필 시간이 별로 없었습니다. 어느 날엔가 아이가 두통을 호소했는데, 바쁜 엄마 대신 아빠가 급하게 달려와서는 아이에게 약을 먹이고 아이와 늦게까지 놀아주었습니다.

문제는 어렵지 않았습니다. 단지 아이는 신체화 증상을 빌려 아빠의 관심을 끌었던 것입니다. 머리가 아프다고 말하면 아빠가 관심과 사랑을 보였고, 아이는 자신도 모르게 부모의 사랑을 얻고자 두통을 앓았던 것이죠.

이는 어린아이에게만 해당하는 이야기는 아닙니다. 애정이 필요한 성인들도 관심을 받고 싶은 대상에게 신체화 증상을 나타냅니다. 아픈 모습을 보여주며 사랑을 갈구합니다.

흔히 사람들은 끊임없이 불만을 터뜨리고 고민을 하소연

하는 사람들의 말을 경청하지 않습니다. 오히려 그런 행동은 짜증이 나게 하죠. 병에 걸렸을 때는 다릅니다. 아프다고 하면 보통 동정심을 보이고 이해하려 합니다. 하지만 아픔을 이용해 타인의 관심을 받는 것이 곧 사랑을 얻는 것은 아닙니다. 동정은 진정한 의미의 사랑이 될 수 없기 때문입니다. 그렇게 해서 사랑을 얻었다 하더라도, 애써 받은 사랑이 사라진 뒤에는 오히려 더 비참함을 느낄 수 있습니다. 다른 사람의 애정을 구하기 위해 자신을 아프게 내버려 두지 마세요. 다른 사람의 사랑보다 중요한 건 여러분 자신입니다.

아이가 성장하듯 관계에도
성숙함이 필요하다

심리학자들의 연구에 따르면 자녀가 부모에게 의존하는 정도는 대부분 사랑이 아니라 두려움에 달려 있습니다. 미성숙한 자녀에게는 안정감이 필요하기 때문입니다. 아이를 집 밖으로 쫓아내거나 혼자 내버려 두고 떠나는 등 부모가 아이에게 버림받을 수 있다는 의미가 담긴 행동을 하지 않았다면 아이는 그 경험을 근거로 부모가 자신을 버리지 않을 거라고 믿습니다. 부모의 사랑이 확실하다고 믿으며 부모에게 의존하는 것이죠. 하지만 이러한 의존 시기가 길어지면 아이는 미성숙한 심리 상태를 유지하며 유아 단계에 '고착'하게 됩니다.

심리 발달 과정에서 몸은 이미 어른이 되었지만 마음은 아직 완전히 성숙하지 못하고 과거의 수준에 머물러 있을 때 이를 '고착 상태'라고 부릅니다.

어릴 때부터 집안일 문제로 부모가 자주 말다툼하는 걸 보고 자란 아이는 집안일에 책임을 지는 것은 부담스럽다고 느끼게 됩니다. 또 부모의 지나친 보호 아래서 자란 아이는 무의식적으로 어른이 되는 것을 두려워하고, 어른이 되어서도 사고의 수준이 청소년기에 머물러 있습니다.

고착이 발생하는 이유는 다가오는 위험이나 부정적인 미래를 미리 깨닫고 두려워져 다음 단계로 나아가지 못하거나, 또는 다음 단계로 발전하기를 망설이기 때문입니다. 누구든 보이지 않는 미래를 생각하면 불안해집니다. 취학 연령대의 아이는 처음 학교에 가는 날을 무서워합니다. 심한 경우 등교를 거부하기도 하죠. 또 첫 데이트를 앞두고 너무 긴장하면 약속을 취소해버리기도 합니다. 대학 졸업이 다가오면 복잡한 감정을 느끼며 미래를 걱정합니다. 앞날에 대한 불안은 언제나 있을 수 있습니다.

우리는 유아기부터 끊임없이 안정감을 추구하려는 본능이 있습니다. 불안정한 상태, 실패, 공포, 상처를 두려워하고 이를 마음을 해치는 '위험한' 것으로 취급합니다. 그리고 이 '위험한' 것은 우리가 새로운 상황을 맞이할 경우, 이에 대처하는 능력을 갖추지 못하고 있다고 스스로 생각할 때 생겨납니다.

내 마음속에 살고 있는 어린아이

부모의 사랑을 독차지하던 아이에게 동생이 생기면 아이의 행동이 이전과 완전히 달라지는 것을 본 적이 있을 겁니다. 침대에 오줌을 누거나 엄지손가락을 빠는 등 원래 하지 않던 유아기의 행동을 보입니다. 이렇게 갑자기 유아기의 행동을 보이는 것은 '퇴행'이라는 방어기제를 사용했기 때문입니다. 더 어린 나이로 퇴보하여 부모의 관심을 사는 것이죠. '퇴행'이란 예기치 않은 좌절에 빠졌을 때 나이에 맞지 않는 유아기의 행동을 보이는 반응을 가리킵니다. 이는 성숙함과 반대되는 퇴보 현상입니다.

이런 퇴행 행동은 아이에게만이 아니라 미성숙한 어른에게도 자주 나타납니다. 심각한 좌절을 겪거나 상처를 크게 받았을 때 특히 그렇습니다.

보통 부모는 자녀가 결혼해 새로운 가정을 꾸리면 뭔가 모를 시원섭섭한 감정을 느끼기 마련입니다. 배우자와 사이는 좋은지, 어디 아픈 곳은 없는지, 살림은 잘하고 지내는지 괜히 걱정되기도 하고요. 자녀도 결혼 생활은 처음이라, 어려움이 있을 때 종종 부모에게 연락해 어리광을 부리거나 울면서 하소연을 하기도 합니다. 이때 자녀를 지나치게 걱정하는 부모는 부부 사이에 직접 개입해서 문제를 해결하려고 합니다. 그러다 보면 자녀는 스스로 문제를 해결하려는 의지를 잃게 되고 부모는 자녀의 사생활과 부부 문제를 간섭하는 등 본질적인 문제는 해결되지 않고 악순환만 거듭될 수 있습니다.

사실 결혼한 사람은 성인이 된 지 오래고 결혼으로 발생하는 여러 문제를 해결할 능력이 이미 있습니다. 이런 시기에 다시 부모에게 기대는 것은 퇴행입니다. 마치 어렸을 때 어려움에 직면하면 부모에게 도움을 받아 문제를 해결하려는 것과 같죠.

성인이라면 스스로 문제를 해결하는 연습을 해야 합니다. 타인에게 기대려 할수록 문제는 해결되지 않습니다. 때로 어떤 문제는 누군가 나서서 도와준다고 해도 영원히 풀리지 않습니다. 방금 언급한 결혼과 관련된 문제가 바로 그런 것이죠.

미래에 대한 불안이 커졌을 때 퇴행 현상이 나타나기도 합니다. 사람은 본능적으로 늙는 것을 두려워합니다. 한 해 두 해 지날수록 나이들어 가는 자신의 모습을 보며 어색해합니다. 이러다 변화에 적응하지 못할까 봐 나이에 맞는 성숙함을 보이는 대신, 과거 젊은 시절의 사고방식으로 살아가려 하거나 화려하고 유행하는 옷을 찾아 입으며 젊어 보이려 노력합니다. "나는 아직 젊어서 뭐든 할 수 있어"라고 말하며 위안을 얻기도 하죠. 이런 말과 행동을 보이는 것은 물론 어느 정도 삶의 활력도 되찾고 불안감을 없애기 위한 좋은 전략입니다. 하지만 지나치면 과욕이 됩니다. 나이 듦을 인정하고 늙어가는 자신을 사랑하는 게 진짜 성숙한 어른의 모습이 아닐까요?

행복하게 오래 연애하는 법

사랑에 빠지는 일은 살면서 겪는 가장 개인적이면서도 강렬한 경험입니다. 지속적인 연인 관계는 심리적인 안정감을 느끼게 해주죠.

대부분 사람들은 연인에게 사랑을 받으면 퇴행을 보이면서 말과 행동이 어린아이 같아집니다. 서로 포옹하고 음식을 먹여주며 성질을 부리거나 애교를 보이기도 하죠. 연인의 품 안에서 느낄 수 있는 따뜻함, 신뢰감, 애정과 관심은 마치 엄마에게 보살핌을 받던 어린 시절로 돌아간 듯한 편안하고 즐거운 느낌을 줍니다. 이런 형태의 퇴행은 연인 관계를 단단하게 해주는 유익함이 있습니다. 심리 건강에도 도움을 주고요.

하지만 퇴행이 갈등의 원인이 될 때가 있습니다. 우리의 잠재의식은 상대방이 나에 대해 부정적인 감정을 가지고 있지 않기를 원합니다. 어린아이를 대하듯 나를 바라보고 웃어주었으면 좋겠다고 생각합니다. 그래서 상대방의 기분이 나쁜 상태라면 떼를 쓰고 화를 내서 관심을 끌어보려고도 합니다. 얼른 기분을 풀고 사과하라고 재촉하죠.

연애하는 두 사람 사이에 계속 이런 일이 반복된다면 안정감이 사라지고 결국 헤어질 수 있습니다. 또 미성숙한 태도로 연인 관계를 이어왔던 사람은 헤어지고 나서도 이별의 아픔을 받아들이지 못한 채 극단적 선택을 하기도 합니다. 상황을 이성적으로 판단하지 못하고, 자꾸만 퇴행함으로써 문제를 해결하려고 한다면 자신뿐만 아니라 타인에게도 부정적인 영향을 미치게 됩니다. 아이가 성장하는 것처럼 연애에서도 성숙한 자세가 필요합니다. 성숙한 두 사람이 만나 사랑할 때 더 행복한 연애를 할 수 있습니다.

삶에서 퇴행이 필요한 순간들이 있습니다. 연애할 때 사랑하는 사람을 위해 애교를 부리는 것처럼, 부모가 아이의 눈높이에 맞춰 함께 말타기 놀이를 하거나 우울해하는 친구의 기분을 풀어주기 위해서 우스꽝스러운 춤을 추는 것 모두 긍정적인 퇴행 행동입니다. 또 심리 치료에서 퇴행이 결정적인 도움을 주기도 합니다. 문제가 최초로 발생한 때로 돌아가는 과정을 되풀이하며 환자의 내면세계를 깊이 이해하기도 하니까요. 적절한 퇴행 행동은 우리의 인생을 더욱 즐겁고 풍요롭게 합니다. 타인에게 사랑을 얻기 위해서가 아니라, 내가 가진 사랑을 나누어주기 위해 퇴행 행동을 보이는 건 어떨까요?

내 마음에 쏙 드는
완벽한 사람은 없다

이상화

내 힘으로 도저히 바꿀 수 없는 현실을 마주했을 때, 우리는 마음을 보호하기 위해 상황을 오히려 아름답게 포장하는 방식을 택하기도 합니다. 바로 '이상화'라고 하는 방어기제인데요. '이상화'는 부정적인 일이나 사람을 좋게 평가하여 객관적 사실을 미화하고 실망감을 줄이는 것을 말합니다.

우리는 대개 사랑에 빠지면 쉽게 콩깍지에 씌입니다. 주변 사람들이 별로라고 해도 내가 만나고 있는 사람이 세상에서 제일 멋있고 예쁘죠. 상대방의 모든 것이 사랑스럽고 단점마저 매력적으로 느껴집니다.

사랑하기 때문에 모든 것이 매력적으로 보이기도 하지만, 반대로 매력적인 사람을 연인으로 삼고 싶어 하는 심리도 분명 있습니다. 하지만 이런 바람은 뜻대로 이루어지기가 쉽지 않습니다. 그래서 평소 내가 원했던 외모에 미치지 못하는 사람을 만난 경우, 심리적인 격차를 메우기 위해 연인의 외모를 이상화하기도 합니다. 그 과정에서 연인이 정말 잘생기고 예쁜 것처럼 느껴지죠.

물론 이상화에 자기 기만적인 면이 있긴 하지만, 확실히 이상화는 심리적 균형을 맞춰준다는 점에서 우리에게 꼭 필요한 방어기제입니다. 특히 연인 관계에서 이상화는 긍정적으로 작용하죠. 사랑을 지속하고 관계를 유지하는 데 큰 도움이 됩니다.

한편, 이상화를 잘못 사용한다면 어떨까요? 자신의 연인이 아니라 다른 사람을 이상화하여 문제가 생긴 사례를 소개하도록 하겠습니다.

결혼을 앞두고 부족한 결혼 자금 문제로 자주 다투던 연인이 있었습니다. 두 사람의 관계는 줄곧 좋았지만, 여자는 결혼 문제만 생각하면 골치가 아팠습니다. 의견이 맞지 않다 보니 다투는 날이 늘어갔죠.

어느 날 여자는 거래처에서 부유한 남자를 만나게 되었습니다. 여자는 '부유하다'라는 사실 하나만으로 그 남자에게 호감을 느꼈고, 그와 자주 연락을 주고받았습니다. 왠지 그와 결혼하면 행복하게 살 수 있을 것 같다는 생각까지 하게 되었습니다. 한 가지 조건에 꽂혀 아무것도 고려하지 않게 된 것이죠.

거래처 남자에게 느낀 여자의 호감은 그다지 현실적이지 못한 감정입니다. 여자가 아무것도 고려하지 않고 그 남자와 결혼할 수 있겠다고 생각한 이유는 그 사람을 단지 이상화했기 때문입니다. 거래처 남자를 보고 여자는 '이 남자가 지금 내 남자 친구이면 좋겠다'라고 생각했을 겁니다. 그러면 지금 고민하고 있던 머리 아픈 결혼 문제를 한 번에 해결할 수 있을 것 같으니까 말입니다.

여자가 실제로 누구와 결혼했는지는 이 이야기에서 중요하지 않습니다. 누구와 결혼했든 진심으로 사랑하고 행복하다면 다행이죠. 하지만 이런 식의 이상화는 상황을 좋지 않은 방향으로 이끌 수 있습니다. 여자는 문제를 쉽게 해결해보려다가 오히려 어떤 것이 더 옳은 선택인지에 대한 새로운 고민이 생겨버리고 말았으니까요.

힘들었어도 그때가 좋았는데

대만 영화 〈그 시절, 우리가 좋아했던 소녀那些年, 我們一起追

的女孩〉는 상영 당시 엄청난 인기를 끌었습니다. 영화가 기록적인 흥행에 성공하면서, '그 시절 우리가 끝까지 보지 못한 만화', '그 시절 우리가 함께 투자한 주식'과 같이 '그 시절' 키워드가 한때 유행하기도 했죠.

사람들은 왜 '7080', '첫사랑', '복고' 코드를 좋아하는 걸까요? 심리학적 관점에서 볼 때 과거를 떠올리는 것은 사람들에게 보편으로 존재하는 회귀 욕망과 매우 밀접한 관련이 있습니다. 과거를 회상할 때 내재되어 있는 심리의 본질은 '안전하게 숨을 수 있는 도피처를 찾는 것'입니다. 우리는 과거를 추억하며 현재의 외로움을 잊고 일상적인 문제에서 잠시 벗어날 수 있습니다.

스페인의 한 언론 보도에 따르면, 영국의 사우스햄튼대학교의 과학 연구팀이 학생들을 대상으로 과거 회상 테스트를 진행했다고 합니다. 연구 결과, 일반적인 사건을 떠올린 사람들보다 과거를 추억했던 사람들이 더 큰 즐거움을 느낀 것으로 나타났습니다.

따라서 과거 회상에는 이상화 방어기제가 담겨 있다고 할 수 있습니다. 우리는 살아가면서 불가피하게 여러 가지 갈등과 충돌에 직면하게 됩니다. 이때 자신도 모르게 과거의 아름다웠던 시절을 회상하며, '힘들어도 그때는 참 즐거웠지', '한

때 내가 정말 잘 나갔는데', '아무것도 몰랐던 그 시절이 행복했어'와 같은 생각을 합니다. 그럴 때 우리의 마음은 조금이나마 나아집니다.

과거 회상이 이상화 방어기제의 표현이라고 볼 수 있는 이유는, 과거에 대한 기억이 반드시 모두 진실은 아니기 때문입니다. 흔히 사람들은 마음속의 갈망을 반영하여 과거를 새롭게 편집하죠. 아름답고 행복했던 점들만 기억하고 나쁘고 불쾌한 일은 기억하지 않으려고 합니다.

졸업하고 나서 몇 년 동안 보지 못했던 친구를 다시 만나면 어린 시절을 함께 그리워하며 어른이 된 지금의 일회적인 인간관계의 아쉬움을 토로합니다. 또 어려움을 딛고 성공을 이루어낸 사람들도 과거 이야기를 하는 것을 좋아합니다.

특히 노인들은 과거의 추억에 쉽게 빠집니다. 살날이 얼마 남지 않았다는 걸 깨달으면 두려움을 느낄 수밖에 없죠. 그래서 나이 든 사람일수록 거듭 젊은 시절의 눈부신 활약들을 떠올리며 자신감을 얻고 위로를 받습니다. 그리고 자신의 삶의 가치를 깨닫는 것이죠.

사람은 과거의 경험과 세월을 이상화시켜 현실의 본능적인 욕구를 만족시킵니다. 그래서 대개 추억의 내용이 현실과 대비를 이루는 것들이죠. 예를 들어 어린 시절 아무런 걱정없이 즐거웠던 때를 회상하면 생계를 위해 바쁘게 뛰어다니는 현실을 잊을 수 있습니다. 늙어가는 지금의 처지보다는 젊은 시절에 성공했던 경험을 떠올리면 기분이 좋아지기도 하고요. 우리는 과거를 추억하는 과정에서 시공간을 초월하는 착각을 경험하고 안정감과 사랑을 느낄 수 있습니다. 이상화 방어기제를 통해 자기 마음을 안전하게 보호하려는 것이죠.

물론 지나치게 과거의 기억에 젖는 일은 일상생활을 방해하기도 합니다. 과거에 대한 애착이 심해져 현재 상황을 만족하지 못하고 결국 현실을 회피하게 될 수 있습니다. 그러니 이상화는 심리 건강을 해치지 않을 만큼 적절히 사용해야 합니다.

누군가를 맹목적으로 '추앙'하고 있다면

우리는 이상화를 이용해 나르시시즘 욕구를 만족시키기도 합니다. 자기심리학자 마이클 프란츠 바쉬Michael Franz Basch는 타인을 이상화하는 태도에는 자신의 깊은 갈망이 담겨있다고 말했습니다.

"사람은 타인의 숭배를 받고 강한 인물과의 결합을 통해 스스로 보호하려 한다. 강한 인물은 이상과 능력을 주며, 어려움의 한가운데서 안정을 유지할 수 있도록 도와준다."

이런 이상화는 아이들에게 자주 나타납니다. 예를 들어 아이들은 흔히 이렇게 이야기하죠.

"우리 아빠는 정말 대단해. 우리 집 TV를 새것으로 고칠 수 있어."

이런 이상화는 전혀 병적인 증상이 아닙니다. 오히려 아이의 심리 발달 욕구와 부합하기에, 부모는 아이에게 좋은 이상화 대상이 되어주어야 합니다.

사람들은 아이처럼 누군가를 이상화합니다. 회사에서 능력이 뛰어나고 매력 있는 상사를 만나면 나도 모르게 그 사람을 부풀려 생각합니다. 인성도 좋을 것 같고, 집에서도 좋은 남편, 좋은 아내일 것 같고, 그 가정이 화목할 것 같다고 말입니다.

이렇게 타인을 이상화하는 심리는 사실 나르시시즘의 또다른 표현입니다. 사람은 스스로 발전해나가는 과정에서 현실의 문제로 인해 자신의 나르시시즘 욕구를 실현시키지 못할 때, 반대로 타인을 이상화합니다. 자신보다 성공한 사람에게 그 나르시시즘을 투사하여 자신의 이상적 목표를 세우려는 것이죠.

이상화에는 '원시 이상화'라고 불리는 형식이 있습니다.

원시 이상화 방어기제를 사용하는 사람은 새로운 친구나 애인을 사귀었을 때 그 사람이 아주 완벽할 것이라고 생각합니다. 하지만 관계가 좀 더 발전함에 따라 상대방의 결점을 발견하고 나면, 장점이 전혀 없다고 극단적으로 생각하죠. 따라서 원시 이상화가 강하게 작용하는 사람들은 깊고 지속적인 인간관계를 맺기가 힘듭니다. 어떤 사람의 능력이나 권위를 과대평가하면서 그 사람을 무조건 칭찬하다가도 한 가지 결점만 보이면 언제 그랬냐는 듯 등을 돌리죠. 일반적으로 병적인 상황에서, 특히 병적인 나르시시즘 상황에서 이상화는 원시적 이상화로 쉽게 변할 수 있습니다. 그리고 원시 이상화 방어기제가 지나치면 경계성 인격장애를 앓을 수 있습니다.

경계성 인격장애 환자는 정서가 불안정합니다. 이들은 대부분 자신이 악하다고 생각하고 심지어 자신의 존재를 부정하기도 합니다. 이런 불안정한 자아 이미지는 부정적인 결과를 초래합니다. 직업, 친구, 가치관, 성평등의식을 수시로 바꾸기도 하고, 어떤 사람을 이상화했다가 또 갑자기 생각을 바꿔 그 사람을 증오하기도 합니다. 다시 말해 경계성 인격장애 환자가 보는 세상에는 완전히 좋은 사람과 완전히 나쁜 사람만 존재하는 것이죠.

만약 주변에 경계성 인격장애 환자가 있다면 그 사람은

아침에는 여러분을 우상처럼 생각했다가, 저녁에는 여러분을 완전히 부정하면서 전혀 가치가 없다고 폄하하고 증오할지도 모릅니다. 여러분에 대한 평가가 완벽과 폄하의 양극단을 왔다 갔다 하죠.

경계성 인격장애 환자는 "네가 너무 미워"라거나 "너를 떠날 거야"라고 말하면서도 타인을 끊임없이 의지합니다. 자아가 불안정하고 혼란스러운 상태로 말입니다.

타인에 대한 지나친 이상화는 현실을 객관적으로 보지 못하게 하고 더 큰 스트레스를 부를 수 있으니 합리적으로 사용해야 합니다. 나는 왜 이 사람을 이상화하려 하는가, 내가 누군가를 맹목적으로 좋아하고 있지는 않는가, 또 누군가를 아무 이유 없이 싫어하고 있지는 않는가 돌아볼 수 있는 마음의 여유가 필요합니다.

3장

무례하고 제멋대로인
세상에서 내 마음 지켜내는 법

진실은
자존심보다 중요하다

부정

제가 가르쳤던 한 학생이 겪었던 일을 여러분에게 들려주려고 합니다. 2016년 1월, 러시아 극동 지방인 캄차카반도에서 7.0 규모의 강진이 일어났습니다. 당시에 그 학생은 도서관에서 공부를 하고 있었습니다. 나중에 그가 묘사하는 바에 따르면 분명 그때 책상과 의자가 심하게 흔들려 속이 울렁거리고 머리가 어지러웠다고 합니다. 하지만 무슨 일이 일어난 건지 알 수 없어 그냥 자리에 앉아 있었죠.

어떤 사람이 "지진이야!" 하고 외치자 그 학생은 자리에서 일어나 창가로 달려갔다고 합니다. 창밖을 보니 사람들이 허둥지둥 건물 밖으로 뛰쳐나가고 있었습니다. 그제야 그 학생도 사람들을 따라 도서관 밖으로 나가는가 싶더니, 이내 제자리로 돌아왔습니다. 그리고는 태연히 자신의 가방과 책을 챙

기기 시작했습니다. 학생의 이해할 수 없는 행동에 도서관 사서는 이렇게 소리쳤다고 합니다.

"지금 책이 중요해요, 목숨이 중요해요?"

그 학생은 잠시 놀랐을 뿐 다행히도 특별한 피해를 입지는 않았습니다. 시간이 지나 학생은 저에게 이렇게 말했습니다.

"사실은 그때 크게 놀라지도 않았어요. 잠깐 지진인가 싶기도 했는데, 곧바로 '에이, 설마 이게 지금 지진이겠어? 갑자기 나한테 그런 일이 생길 리는 없지'라고 생각했거든요. 그때는 오히려 물건을 잃을까 봐 더 걱정했어요."

우리는 자신에게 쉽게 '나쁜 일'이 일어나지 않을 거라고 생각합니다. 믿을 수 없는 비현실적인 상황 앞에서 사람들은 '부정'이라는 심리 방어기제를 사용하는데요. '부정'은 이미 발생했거나 존재하는 사실을 받아들이지 않는, 잠재의식의 심리 방어술입니다. 앞서 얘기한 학생의 이야기처럼, 불쾌하고 위험하게 느껴지는 사건을 마치 일어나지 않은 일로 간주하거나 자신의 생각, 감정, 느낌 등을 왜곡하는 현상을 가리킵니다.

사람은 누구나 심리적인 고통에 시달리면 누구나 이로부

터 도망쳐 위로받고 싶어 합니다. 그래서 부정은 일상적으로 일어나는 원초적이고 단순한 심리 현상이라고 볼 수 있습니다. 어떤 목적을 가지고 나쁜 일을 망각하는 것이 아니라, 단지 나를 괴롭히는 일로부터 도망치는 것이죠.

전 세계를 슬픔에 빠뜨린 9.11 테러 사건이 일어났을 때도 죽음을 눈앞에 둔 많은 사람이 머뭇거리고 있었다고 합니다.

세계 무역 센터의 프로젝트 고문으로 일했던 에드나는 그때 제1세계 무역 센터 건물 안에 있었습니다. 비행기는 에드나가 있던 층에서 위쪽으로 11층 떨어진 곳에 충돌했고 네 개 층이 순식간에 무너져 내렸습니다.

그녀는 '쾅' 하는 폭발음을 들었고 건물이 흔들리는 걸 느꼈습니다. 나중에 그녀는 그 사건을 회상하면서, 비행기가 건물에 충돌한 후에도 자신은 탈출할 생각이 전혀 없었으며 원래 있던 곳에 그대로 있을 생각이었다고 말했습니다. 다른 생존자들 역시 대피하지 않았고 있던 자리에서 평상처럼 업무를 계속했습니다. 그들은 컴퓨터에 미완성인 자료를 저장하고 순서대로 웹페이지를 닫고 컴퓨터 전원을 끄고 나서야 대피했다고 합니다.

드라마나 영화에서는 재난이 일어나면 사람들이 비명을

지르면서 사고 현장에서 허겁지겁 도망칩니다. 하지만 실제로는 꼭 그렇지 않습니다. 한 연구에 따르면 9.11 테러 사건의 생존자들이 계단으로 탈출하기 시작할 때까지의 평균 대기 시간은 6분이었다고 합니다. 심지어 45분이 지나서야 탈출하기 시작한 사람도 있었습니다. 빌딩이 무너져 내리는데도 사람들은 당장 대피할 생각을 하지 않고 가족이나 친구에게 전화를 거느라 바빴죠. 그러다 빌딩에서 연기가 나오고 비행기 연료 냄새가 나기 시작하자 비로소 계단을 통해 아래층으로 달리기 시작했습니다.

위급한 상황과 맞지 않는 사람들의 행동은 부정 방어기제가 작용한 결과입니다. 죽음에 대한 두려움으로부터 벗어나기 위해 '나에게는 이런 일이 절대로 일어날 리 없어'라는 비이성적인 신념을 가지게 된 것입니다. 테러 사건은 그저 다른 사람들의 운명일 뿐, 자신에게는 일어나지 않으리라고 생각했던 거죠.

에드나 역시 테러 사건이 일어났을 때 머릿속에서 이런 소리가 들려왔다고 말했습니다.

"걱정하지 마. 이건 환상일 뿐이야. 이런 일이 내게 일어날리 없어. 아무 문제없다고."

목격자의 증언에 따르면 9.11 테러 사건에서도 앞서 지진을 겪었던 학생의 사례에서처럼 가방을 챙긴 사람들이 많았습니다. 그들은 혼란스러운 와중에도 가져갈 수 있는 모든 물건을 챙겼습니다. 지갑, 신분증뿐만 아니라, 소설책, 화장품도 있었다고 합니다.

나를 인정할 때 세상을 이해하게 된다

그렇다면 사람들은 왜 부정 방어기제를 사용할까요? 자신이 불운한 일과 맞닥뜨렸다는 사실을 받아들일 시간이 필요하기 때문입니다. 사람들은 보통 과거의 경험을 기준으로 눈앞의 일을 판단하려는 경향이 있습니다. 그래서 자신에게 일어난 나쁜 일을 본능적으로 믿지 못하고 부정하는 것입니다.

사실 부정은 우리 삶에서 흔하게 볼 수 있습니다. 예를 들면 어떤 잘못을 저질러 놓고는 '나는 아무 잘못도 없어'라고 되뇌입니다. 포식자에게 쫓기는 타조가 모래더미 속에 머리를 파묻고는 안전하다고 생각하는 것처럼 말이죠. 또 우리는 자신의 결점을 잘 인정하지 않으려 하기도 합니다. 설령 다른 사람들이 이미 나의 결점을 알고 있다고 해도, 나 자신은 그 사실을 계속 부정합니다.

회사에서 동료들과 의견 충돌이 잦아 힘들어하던 사람이

있었습니다. 친한 친구가 그에게 솔직하게 조언을 해주었습니다.

"조직 생활에서 네 성격을 있는 그대로 보여주면 사람들이 오해할 수 있어."

"아닌데? 나는 조직 생활에 잘 맞는 성격인데?"

그는 친구의 말을 듣고는 '나는 잘못한 게 없어. 내 성격이 어때서?'라고 순간적으로 생각했다고 합니다. 상처받지 않기 위해 자신을 방어한 것이죠.

스스로 받아들이기 어려운 일에 부딪혔을 때 부정은 충격을 완화해주는 긍정적인 역할을 하기도 합니다. 시간을 주어 현실을 천천히 받아들이게 하죠. 하지만 이렇게 자기 자신을 객관적으로 보지 않고 현재 상황을 부정하는 행위는 결과적으로 근본적인 문제를 해결해주지 못합니다. 자신의 결점을 부정하지 않고 객관화할 줄 안다는 것은 곧 있는 그대로의 나를 '인정'한다는 의미이기도 합니다. 자신의 모습을 솔직히 인정할 수 있다면 타인도 더 잘 이해할 수 있습니다.

상처받기를 두려워하지 마라

나쁜 사실을 마주했을 때, 우리의 잠재의식은 상처받지

않기 위해 부정 기제를 사용해 보호막을 칩니다. 하지만 과도한 부정은 더 큰 상처를 가져오기도 합니다.

9.11 테러 사건 현장에 있던 사람들은 잠시 동안 현실을 받아들이지 못했습니다. 자신은 결코 죽음이라는 불행과 마주치지 않으리라 믿었습니다. 치솟는 불길과 연기를 보고 나서야 이 방어기제에서 벗어나 탈출하기 시작했죠. 하지만 긴박한 상황에서도 끝내 탈출할 시간을 놓친 사람들도 많았습니다. 이런 상황에서 부정은 사망 가능성을 높입니다.

저는 오랜 시간 심리치료를 해오면서 가족이 사망했다는 사실을 받아들이지 못하는 사람들을 많이 만났습니다. 제가 만난 한 남자는 결혼한 지 얼마 안 되었을 때 아내가 불의의 사고로 사망한 후 그 사실을 한동안 받아들이지 못했습니다. 그는 사고 소식을 믿지 않았습니다. 죽은 사람은 자신의 아내가 아닐 거라며 시신을 확인하러 가지도 않았다고 합니다. 아내는 죽지 않았고 금방 돌아올 거라고 믿었던 거죠. 그래서 아내가 살아있는 것처럼 저녁을 준비하고 아내가 돌아오기를 기다렸습니다.

때로 부정 심리는 사람들을 실제 삶과 단절시켜 버리곤 합니다. 일상을 살아가지 못하고 마음의 문을 닫아버리는 것이죠. 하지만 사랑하는 사람을 다시는 볼 수 없다는 사실을 이성적으로 한 번에 받아들이는 사람이 세상에 있을까요? 끔찍한 현실 앞에서는 부정 방어기제가 작동하는 것이 당연합니다.

상처받지 않기 위해 자연스럽게 나타나는 부정 방어기제를 인정하면, 우리를 오히려 새로운 삶에 뛰어들게 해서 슬픔과 고통으로부터 일찍 벗어나게 해주기도 합니다.

심리학자 아놀드 라자루스Arnold Lazarus는 수술을 앞둔 환자의 심리 상태를 연구한 끝에, 부정이 질병 치료에서도 긍정적인 영향을 준다는 사실을 밝혀냈습니다. 수술에 대한 모든 사실을 알고 있고 병이 나은 후의 상태를 정확히 인지하고 있는 환자들보다, 부정 방어기제를 사용한 환자들이 병에서 더욱 빨리 회복되었습니다. 어쩔 수 없는 현실 앞에서 부정은 우리의 마음이 과한 부담을 느끼지 않도록 해주는 것입니다. 마음이 가벼워지면 병도 빨리 나을 수 있죠.

그럼에도 불구하고 부정은 일반적으로 미성숙한 방어기제에 해당합니다. 잠시 고통이 완화될 수는 있지만 근본적인 문제를 해결해주지 못한다는 한계가 있기 때문이죠.

상처받기를 원하는 사람은 아무도 없습니다. 상처는 몸과 마음을 힘들게 합니다. 하지만 상처를 받았다고 해서 여러분의 인생은 절대 망가지지 않습니다. 상처받는 자신을 부끄러워하거나 부정하기보다는, 상처를 인정하는 용기가 있을 때 우리의 내면세계는 성장합니다.

부정과 똑같은 성질을 지닌 또 다른 방어기제로 '왜곡'이 있습니다. 왜곡은 부정에서 한 걸음 더 나아간 심리 방어기제로, 부정이 악화된 형태라고 할 수 있습니다. '왜곡'이란 사실을 곡해하거나 변화시켜 내 마음속의 필요에 맞게 재창조하는 것을 말합니다. 다시 말해 현실을 피하는 것이 아니라 사실을 '가공'해 자신에게 맞추는 것이죠.

제가 상담했던 환자 중 신소재기업에서 화학공학 연구원으로 일하는 사람이 있었습니다. 그는 성공에 대한 갈망이 아주 강한 사람이었습니다. 그런데 그는 자신이 최근에 노벨 화학상을 받은 저명한 화학자라거나, 어떤 유명한 여자 영화배우가 자신과 연인 사이라는 둥 가끔 엉뚱한 소리를 하고는 했습니다. 단지 허풍을 떤 게 아니라 정말로 그렇게 믿고 있었죠. 다른 사람들이 비웃으면 사람들이 자신을 축하해주는 거라고 생각했습니다. 평범한 편지를 받으면 노르웨이 정부가 노벨 화학상을 수상하러 오라고 보낸 초대장이라고 혼자 생각했고, 여자 영화배우가 부르는 노래를 들으면 자기 여자 친구가 먼 곳에서 오직 자신을 위해 부르는 노래라고 말하고 다녔습니다.

알고 보니 그는 지난번 중요한 승진 시험에서 떨어졌습니다. 게다가 자신보다 어린 후배가 상사가 되었습니다. 지금껏 살면서 실패한 경험이 크게 없던 그에게 최근 벌어진 일들은 삶 전체를 부정할 만큼 충격적인 일이었습니다. 자존심은 완전히 바닥으로 떨어졌죠. 크게 좌절한 그는 현실을 견디지 못하고 정신이 완전히 무너져버리고 말았던 것입니다. 그의 잠재의식은 사실을 왜곡하여 망가진 자존심과 상처받은 마음을 보호하려 했던 것이죠.

부정과 왜곡은 진실을 마주할 힘조차 남아 있지 않을 만큼 심리적으로 괴로울 때 주로 나타납니다. 진실을 깨닫게 하지 못하므로 자신이 겪는 고통의 본질도 깨닫지 못하죠. '내가 왜 아프고 괴로운가?'에 대해 깊게 생각하는 능력 자체를 상실한 것입니다. 내가 아프다는 사실조차 모르는 것, 이것은 생각보다 아주 무서운 일입니다. 상처를 받는 것도 힘든 일이지만, 내가 받은 상처 자체를 인지하지 못하는 것이 어쩌면 더 불행한 일인지도 모릅니다.

누구도 다른 사람에게
상처 줄 수 없다

전치

내가 기분 나쁜 소리를 한 것도 아닌데 누군가 나에게 크게 화를 낸 적이 있나요? 혹은 반대로 아무 이유도 없이 내가 다른 사람에게 버럭 화를 낸 적이 있나요? 그래 놓고서 시간이 지나면 상대방에게 "그때는 내가 왜 그랬는지 모르겠다"라며 사과합니다. 이런 경우 사실 상대방 때문에 화가 난 게 아닐지도 모릅니다. 나를 화나게 한 사람은 상대방이 아니라 전혀 다른 사람이죠. 나도 모르게 상대방에게 화풀이를 한 것입니다.

엉뚱한 데 화풀이하는 이런 심리는 '전치'라는 심리 방어 기제 때문입니다. '전치'란 사회규범에 맞지 않거나 자아의식이 허용하지 않아서 어떤 대상에게 감정과 욕망을 직접적으로 표현할 수 없을 때, 비교적 안전한 대상에게 자신의 심리적인 불안을 해소하는 걸 가리킵니다.

심리학에는 전치 기제를 표현한 'Kick the cat(걷어차인 고양이 효과)'이라는 유명한 개념이 있습니다. 한 가지 이야기를 들려 드리겠습니다.

어떤 회사의 회장은 스스로에게 매우 엄격했습니다. 회사에 일찍 출근하고 늦게 퇴근하겠다고 자기 자신과 약속하고 그 약속을 반드시 지키는 사람이었죠. 어느 날 그는 아침에 신문을 보는 데 정신이 팔려 회사에 지각하게 되었습니다. 조급한 마음에 차를 급하게 몰다가 때마침 단속을 나온 경찰에 걸려 벌금 고지서를 뗐고, 시간은 지체되어 회사에 늦게 도착하게 된 것이죠.

매우 화가 난 회장은 사무실에 도착하자마자 영업 책임자를 불러 호되게 혼을 내기 시작했습니다. 이유 없이 야단을 맞은 영업 책임자는 화가 나서 비서를 자기 사무실로 불러 한바탕 혼을 냈습니다. 아무 이유 없이 혼이 난 비서는 억울했지만 어쩔 수 없이 화를 꾹 참아야 했습니다. 회사 일 때문에 어느 업체에 전화를 건 비서는 전화 교환원에게 왜 이리 전화를 늦게 받냐고 화를 냈습니다. 일을 마치고 퇴근한 전화 교환원은 아내에게 분풀이를 해버렸죠. 기분이 불쾌해진 아내는 방에서 소란을 피우는 아이를 때리게 되었고 아이는 분노로 가득 차서 집에서 키우는 고양이를 발로 뺑 차버립니다. 정말 'Kick the cat'이죠? 듣기만 해도 골치가 아픈 상황입니다.

이 이야기에 나오는 사람들은 모두 전치 방어기제를 사용해서 자신을 보호했습니다. 분노의 전치는 일상에서 아주 흔하게 볼 수 있습니다. 당사자 본인도 그 순간에는 자신을 제어하지 못합니다. 이성을 잃은 상태이기 때문이죠.

화내도 괜찮은 만만한 사람은 없다

사람들이 찾는 전치 대상의 첫 번째 요건은 바로 '안전성'입니다. 사람들은 아무에게나 감정을 전치시키지 않고, 자신의 감정과 관련이 있거나 원래의 대상과 비슷한 특징이 있는 대상에게 감정을 전치시킵니다. 예를 들면 어린아이는 젖꼭지를 빠는 걸 좋아합니다. 아이가 크면 원래의 젖꼭지와 비슷하고 대체성이 있는 물건이 전치 대상이 되는 것이죠. 젖을 떼고 나면 손가락을 빨고, 학교에 들어가면 연필을 입에 물고는 합니다. 좀 더 크면 담배를 피우거나 껌을 씹습니다.

프로이트의 이론에 따르면 오이디푸스 콤플렉스 역시 전치 방어기제가 작용한 것입니다. 어떤 남자가 선택한 결혼 상대가 그의 어머니와 성격이 비슷한 점이 많다면, 이는 결코 우연이라고 할 수 없습니다. 현실에서 어머니와 결혼할 수 없으니 어머니와 성격이 비슷한 여성을 배우자로 맞이한 것입니다.

또한 풍자만화나 농담도 전치 방어기제와 관련이 있습니다. 직접적으로 자신의 주장을 드러내지 않고 '빗대어' 말할 수 있기 때문에 안전하면서도, 나의 의도와 전치 대상과의 유사성도 높으므로 전치의 좋은 예가 될 수 있습니다.

공포증 역시 전치와 관련이 있는데요. 전치에는 감정적으로 중요한 위치를 차지하는 인물을 어떤 사물이나 낯선 사람으로 쉽게 대체하는 현상이 포함됩니다. '쉽게 대체'하기 때문에 전치는 대부분의 공포증과 히스테리성 전치 반응의 근원이 되기도 하죠.

일반적으로 공포증 환자는 어떤 사물이나 사람에 대해 느끼는 공포를 정상적인 사람이 생각하기에는 전혀 두려워할 필요가 없는 대상으로 전치시킵니다. 그중 가장 유명한 사례는 앞서 언급한 오이디푸스 콤플렉스로 인해 생긴 공포증입니다. 1909년에 프로이트는 다섯 살 된 남자아이 한스의 사례를 들어 전치로 인한 공포증의 형성 과정을 설명했습니다.

어느 날 한스는 엄마와 마차를 타고 외출했는데 갑자기

마차가 뒤집혔습니다. 한스는 놀라 허둥대면서 말이 자신을 물까 봐 두려워했죠. 이 사고 이후로 한스는 말 공포증에 걸리게 되었습니다.

프로이트는 한스의 말 공포증이 아버지 때문에 느낀 불안감을 말에게 전치시키면서 왔다고 이야기했습니다. 어머니를 사랑하고 아버지를 적으로 생각하는 억압된 감정이 한스의 잠재의식 속에 숨어 있었던 것입니다. 그래서 비교적 안전하고 자신을 해치지 않을 대상인 말에게 자기 감정을 전치시켰죠. 말에게 물리는 것에 대한 두려움은 곧 아버지에 대한 두려움이었습니다.

전치의 종류는 '부정적 전치'와 '긍정적 전치'로 구분할 수 있는데, 이는 감정의 선호 여부에 따라 나누어집니다. '부정적 전치'는 증오, 분노, 짜증 등 부정적인 감정을 전치시키는 증상입니다. 앞서 언급한 사례가 모두 부정적 전치에 해당합니다. '긍정적 전치'는 호감, 기쁨 등 긍정적 감정을 전치시키는 증상입니다. 예를 들어 아이를 사고로 잃은 엄마가 고아원의 고아들을 돌보는 데 마음을 전치시킨 경우가 될 수 있습니다.

부정적 전치는 잘못 사용하면 다른 사람에게 상처를 주거나 사회적 문제를 일으킬 수 있습니다. 어떤 사람들은 불공정한 대우를 받고 나서 그 증오를 무고한 사람에게 전치시킵니다. 일부 범죄자들에게 이런 정서가 형성된 경우가 있습니다. 가령 연인에게 이별 통보를 받은 사람이 끓어오르는 증오심을 무고한 일반 시민들에게로 돌려 아무 관련이 없는 사람을 살해한 사건이 그러합니다.

영문도 모르고 전치의 대상이 된 사람은 당연히 상처를 받습니다. 억울함이 밀려오는 한편 혼자 반성하고 자책하며 불만과 분노를 자기 자신에게 돌립니다. 무의식중에 자신을 인간관계의 희생양으로 만들거나 자기연민에 빠지기도 하고요. 급기야 스스로 목숨을 끊는 선택까지 할 수도 있습니다.

그러므로 자신의 마음을 보호하기 위해 남에게 상처 주는 일은 없어야 합니다. 인간관계에서 오는 문제와 그에 따른 책임은 양방향으로 흘러가기 마련입니다. 모든 일이 전부 나의 잘못이 될 수도, 상대방의 잘못이 될 수도 없습니다. 그러니 지나친 자책도 할 필요 없고 타인에 대한 무조건적인 원망 역시 그다지 쓸모 있지 않다는 사실을 기억해야 합니다.

화가 나는 진짜 이유를 찾아라

사소한 일에 자주 화를 내는 사람들이 있습니다. 별것 아닌 일인데도 자신도 모르게 짜증이 나죠. 재미있는 사실은 이 사람들 스스로도 자신의 욱하는 습관을 고치고 싶어 한다는 것입니다. 분노가 어디서부터 왔는지, 왜 이렇게 작은 일에 화가 나는지, 자신을 화나게 하는 일들에 어떻게 대처하면 좋을지를 알게 되면 욱하는 습관을 고칠 수 있습니다.

식사 시간이 늦춰지는 걸 도무지 참지 못하는 사람이 있었습니다. 예를 들어 배달 음식을 주문했는데 음식이 늦게 도착하면 그는 화를 참지 못하고 배달원에게 욕을 퍼부었습니다. 또 상대방이 약속 시간에 늦어 밥 먹을 시간이 조금이라도 지나면 역시 크게 화를 냈습니다. 사람들은 그가 제멋대로 성질을 부리는 사람이라 생각했죠.

그는 어린 시절, 식사 시간이 되기 전에 아버지에게 벌을 받은 적이 많았다고 고백했습니다. 아무리 배가 고파도 무서운 아버지에게 대들지 못하고 참으며 벌을 받다가 식사 때를 놓치곤 했다고 말입니다. 그는 당시 느꼈던 아버지에 대한 분노를 성인이 된 이후에도 배달원이나 약속 상대 등 타인에게 전치하여 자신의 감정을 표출했습니다. 사실 이런 전치는 해소할 길이 없는 마음속 분노에 대한 돌파구를 찾는 행동입니다. 어떤 식으로든 분노를 전치시켜 방출해야만 마음이 편안해지는 것이죠.

오랜 시간이 흘러도 어린 시절의 감정을 타인에게 전치시킬 수 있다는 사실이 놀라울 수 있습니다. 중요한 사실은, 그는 이미 자신이 자주 욱한다는 것을 알고 있어 나쁜 습관을 고치기 위해 노력했다는 것입니다. 아버지에게 속마음을 솔직하게 털어놓고 심리치료를 받으며 천천히 상처를 치유하고 마음을 회복했습니다.

분노는 원래 자연스러운 감정으로, 누가 누구에게 화를 내면 안 된다는 규칙은 전혀 존재하지 않습니다. 다만, 남에게 상처를 주지 않고 나 역시도 상처받지 않는 건강하고 적절한 표현 방식을 찾아야 합니다. 함부로 대해도 괜찮은 마음은 세상 어디에도 없으니까요.

적어도 내가
나를 속일 필요는 없다

회사에서 동료 여직원을 남몰래 짝사랑하는 어떤 남자 직원이 있었습니다. 그는 여직원과 눈이 마주칠 때마다 얼굴이 빨개지고는 했죠. 하지만 어느 순간부터는 여자도 남자를 볼 때마다 얼굴이 빨개지며 수줍은 미소를 보이기 시작했다고 합니다. 또 여직원은 자신의 업무와는 상관이 없는데도 그의 부서에 찾아와 이것저것을 물어보다가 자기 자리로 되돌아갔다고 했습니다. 남자 직원은 그 여직원이 자신을 좋아한다고 확신했습니다.

남자는 여직원이 분명 자신과 사귀고 싶은데 말하기가 부끄러워 참고 있다고 생각했습니다. 그리고 마침내 여직원에게 자신의 마음을 고백했습니다. 하지만 여직원의 대답은 뜻밖이었습니다. 그녀는 어리둥절한 표정으로 지금 사귀고 있는 사람이 있다고 말했죠.

고백에 실패한 남자는 너무나 수치스러웠다고 합니다. 하지만 그는 끝내 여직원의 호감이 자신만의 착각이었다는 사실을 깨닫지 못했습니다. 도대체 남자는 왜 이런 착각을 한 걸까요?

남자의 심리는 간단합니다. 그는 여직원을 혼자서만 좋아하고 있는 상황이 매우 고통스러웠습니다. 그래서 그는 상처받지 않기 위해 자신의 생각과 욕망을 여직원에게 투사한 것입니다. 여자도 자신을 좋아한다고 믿게 되자 그는 더 이상 고통스럽지 않았고 상처도 받지 않게 되었습니다. 하루하루가 행복했고 심리적인 안정도 되찾았죠.

남자 직원은 짝사랑으로 얻은 상처로부터 자신을 보호하기 위해 '투사' 방어기제를 사용했습니다. 그가 이런 심리를 갖게 된 것은 지금 자신에게 일어난 나쁜 상황이 다른 사람으로 인해 생겨났다고 결론을 내렸기 때문이죠. 그가 여직원을 좋아하는 건 그 여자가 먼저 그에게 관심을 보였기 때문이라고 생각하는 것입니다.

이런 심리 방어기제는 일상에서 매우 흔히 볼 수 있습니다. 예를 들어 거짓말을 밥 먹듯이 하는 사람은 다른 사람의 말 역시 믿을 수 없다고 생각합니다. 그래서 이들은 다른 사람들은 모두 거짓말을 하는데 자신만 진실을 말하면 손해를 본다는 생각에 거짓말을 계속 늘어놓습니다. 또 어떤 사람들은 자신이 동료를 싫어하는 게 아니라 동료들이 못된 사람들이라 피하는 것이라 말합니다. 정작 자신은 동료를 좋아하는데 그들이 자신을 미워하기 때문에 그들을 싫어하게 되었다면서 말이죠.

소극적인 성격의 여성이 있었습니다. 이 여성은 너무 소심해서 회사 사람들에게 먼저 말도 걸지 못했죠. 하지만 그녀는 굳이 사람들과 어울리고 싶지 않았습니다. 그저 주변 사람들을 관찰하며 그들이 자신을 어떻게 생각하는지 알 수 있는 실마리를 찾기 위해 노력했죠.

어느 날 여성은 용기를 내어 평소 인사 정도만 하고 지내던 다른 부서의 남자에게 발표 자료를 공유해줄 수 있느냐고 말했습니다. 안타깝게도 그날 그 남자는 자기 일이 너무나 바빠 깜박한 나머지 그녀가 원하는 자료를 공유해주지 않았습니다. 퇴근 시간이 다가오는데도 남자에게서 아무런 말이 없자, 그녀는 이렇게 생각했습니다.

'내가 사람들이랑 어울리고 싶지 않은 게 아니라 사람들이 나랑 어울리고 싶지 않은 거야. 그러니까 나도 어쩔 수 없어.'

이 여성은 자신이 사람들과 어울리지 못하는 원인을 다른 사람들이 자신을 싫어하기 때문이라고 결론지었습니다. 이후 그녀는 더 소극적으로 변했고 사람에 대한 의심이 심해졌습니다. 회사 사람들에게 도움을 청하면 거절당하거나 욕을 먹을까 봐 무서웠다고 합니다.

이처럼 '투사'는 자신이 싫어하거나 받아들일 수 없는 성격, 태도, 생각 등을 다른 사람이나 외부 세계로 옮겨, 다른 사람이 그런 특성을 가지고 있다고 단정하며 자책으로 인한 고통을 회피하는 것을 말합니다.

정신분석의 관점에서 보면, '투사'는 즉 자아와 초자아 사이에 대립이 발생했을 때 마음의 죄책감을 없애기 위해 사용하는 심리 방어기제입니다. 또 자신이 가지고 있는 어떤 악한 생각이나 나쁜 습관을 역으로 다른 사람이 가지고 있다고 생각하고 비난하는 증상을 가리키기도 합니다. 또는 자신이 스스로 받아들일 수 없는 성격, 특징, 태도, 견해, 욕망 등을 다른 사람의 탓으로 돌리고, 다른 사람의 성격이 나쁘다거나 그런 성격과 생각은 옳지 않다고 비판하는 것 역시 투사에 해당합니다.

앞서 '내사'라는 개념을 설명했는데요. 내사와 투사는 서로 반대 방향으로 일어납니다. 내사는 다른 사람의 특징을 자신의 일부분으로 끌어들이지만, 투사는 자신의 태도와 관점을 다른 사람에게 덮어씌우죠.

우리는 마음의 불안을 회피하기 위해 무의식적으로 투사를 사용합니다. 투사가 일어날 때 우리는 자신의 문제를 전혀 알지 못하며 완전히 무의식적으로 다른 사람에게 문제가 있다고 생각합니다. 이런 유형의 투사 방어기제는 자발적인 행동을 부정하고 자신이 수동적인 사람이라는 사실을 인정하도록 만듭니다.

내 마음을 아는 만큼 행복해진다

자기 내면에 있는 인색함, 고집, 부끄러움 등의 특성을 잘 모르는 사람은 그 특성을 다른 사람들에게 투사할 가능성이 높습니다. 예를 들어 어떤 사람은 자신이 소심하고 의심이 많아서 사람을 잘 사귀지 못한다는 사실을 알지 못합니다. 또 어떤 사람은 상대방을 미워하고 있음에도 자신의 마음을 모른 채 상대방이 아무 죄 없는 자신을 싫어한다고만 생각합니다. 상대방이 하는 모든 말을 마치 적대적인 의미가 있는 것처럼 받아들이는 것이죠. 그런가 하면 자신의 잘못을 다른 사람에게 투사하여 그 사람을 방패막이로 쓰는 경우도 있습니다.

저에게 상담 치료를 받으러 온 한 40대 여성이 있었습니다. 이 여성은 분에 못 이기는 목소리로 이렇게 얘기했습니다.

"남편이 저와 이혼하려고 해요!"

원래 여성은 남편과 사이가 좋았다고 합니다. 그런데 여성이 다니던 직장에 새로운 여직원이 입사하면서부터 남편에게 이상한 느낌을 받았다고 했습니다. 새로 온 여직원은 이 여성과 동갑이지만 아직 미혼이었죠. 동료 여직원은 쇼핑도 자주 하고, 일이 없을 때는 여행도 자유롭게 다녀오는 등 그녀와는 다른 삶을 살아가는 듯했습니다.

갑자기 여성은 동료가 부러웠고 자신이 일찍 결혼한 것을 후회하게 되었습니다. 그리고는 지금 남편과 이혼하고 혼자 살아도 좋겠다는 생각까지 했죠. 퇴근 후 그녀는 남편에게 이런 자기 생각을 얘기했습니다. 자신이 일찍 결혼하지 않았으면 그 직장 동료처럼 자유로운 삶을 살지 않았겠느냐고요. 남편은 실없는 소리를 한다며 타박했습니다. 그러자 그녀는 저에게 이렇게 말했습니다.

"남편은 분명히 저한테 관심이 없어요. 저랑 헤어지고 싶은 거예요. 그날 후로 남편은 저한테 자주 화를 냈어요."

이 여성은 남편과 이혼하고 싶다는 자신의 소망을 남편에게 덮어씌워서 남편이 자신과 이혼하고 싶어 한다고 착각하게 되었습니다. 이 생각을 토대로 그녀는 남편이 자신과 이혼하고 싶어 한다는 증거를 계속 수집했습니다. 남편과 이야기를 할 때 남편이 살짝 귀찮아한다거나 가끔 자신에게 짜증을 내기라도 하면, 그가 이혼하고 싶어서 그런다고 생각했죠.

그녀는 자신의 생각을 남편에게 투사했고 나중에는 남편이 나쁜 사람이라는 결론을 내리게 되었습니다. 이렇게 생각하고 나니 이혼하고 싶다는 생각 때문에 드는 죄책감과 불안감은 사라지게 되었습니다.

저는 여성에게 이혼하고 싶다는 생각이 든다고 불안해하거나 죄책감을 가질 필요는 없다고 말해주었습니다. 지나치게 가까워지면 멀어지고 싶은 생각이 드는 게 인간관계죠. 부부로서 함께 오랜 세월을 보냈기 때문에 가끔은 독립성을 되찾고 싶은 마음이 드는 것은 정상적인 일입니다. 이런 생각이 반드시 관계의 파멸을 의미하는 것도 아니고요. 그녀는 지나치게 극단적으로 생각해서 남편과 멀어지고 싶다는 소망을 관계의 파멸로 간주했고, 그 때문에 불안을 느껴 심리 방어기제를 사용하게 된 겁니다.

여러 차례의 상담 치료를 통해 자신의 마음을 이해하게 된 그녀는 이제 더 이상 자신의 생각에 죄책감을 느끼지 않게 되었고 이혼할 생각도 없어졌다고 합니다. 일상의 권태로 인해 동료 직원을 부러워하게 되었음을 깨달은 후 자신의 솔직한 생각을 남편에게 털어놓았고, 남편은 그런 아내를 위해 자신이 먼저 여행을 권했다고 합니다. 자신의 속마음을 인정하자 부부 관계도 더욱 좋아진 것이죠.

이렇듯 자신의 마음 상태를 인지하는 것과 인지하지 못하는 것의 차이는 매우 큽니다. 힘든 일이 있다면 먼저 자신의 마음을 슬며시 들여다보세요. 갈등의 원인을 모두 타인에게로 돌려버리고 자신의 마음까지도 속인 채 외면한다면 관계의 문제는 영원히 해결할 수 없습니다.

다른 사람도 결국 다 똑같을 것이다

앞서 언급한 사례에서 우리는 사람들이 자신의 태도나 감정을 다른 사람에게 투사하여 타인이 자신과 똑같은 생각을 한다고 여기는 현상에 대해 이야기했습니다. 예를 들면 항상 우울하고 비관적인 사람은 무슨 일을 겪든 우울해하면서 사람들이 대부분 자신처럼 우울할 것이라 생각합니다. 이런 경우가 바로 감정적 투사죠.

투사되는 특징들 중 일부는 당사자들 자신도 의식하지 못합니다. 또는 의식할 수 있더라도 다른 사람에게 덮어씌우는 것 자체는 변하지 않습니다.

가령 시험에서 부정행위를 하는 학생은 부정행위가 옳지 않다는 걸 알고 있지만 '모두가 부정행위를 하는데 나만 안 하면 큰 손해를 볼 거야'라고 생각합니다. 부패한 정치인들 역시 다른 사람들 모두 비리를 저지르는데 나만 그러면 안 되는 이유가 있느냐고 말합니다. 자신의 단점을 보편화시켜 다른 사람들도 모두 그러리라 여기는 것이죠.

만약 어떤 대단한 사람에게서 자신과 똑같은 특징을 찾을 기회가 있다면 이런 사람들은 더욱 쉽게 마음의 안정을 찾고 자존감도 높아질 것입니다. 투사 방어기제는 그런 점에서는 분명히 불안과 고통을 줄여줄 수 있습니다. 하지만 지나치게 사용하면 자신과 타인에게 해를 끼치고, 심각한 경우 과대망상증을 앓을 수도 있습니다. 마음속으로 다른 사람을 미워하면서 모든 잘못을 그에게 덮어씌워 사실을 거짓으로 날조할 수 있죠. 또 지나치게 다른 사람을 의심할 수도 있고요.

가끔 남탓을 하고 있는 자신을 발견할 때가 있나요? 혹시 사소한 문제에 집착하고 있는 것은 아닌지, 나를 속이는 거짓말을 하고 있는 것은 아닌지 곰곰이 생각해보세요. 속마음에

귀 기울이고 스스로에게만큼은 솔직하게 살아가는 삶의 태도를 보인다면 마음이 한결 편안해질 것입니다.

실패한 그 목표는
처음부터 이룰 생각이 없었다

은폐

　어느 날 젊은 여성이, 글씨를 쓰는 소리가 무섭게 느껴진다며 상담소를 찾은 적이 있었습니다. 그녀는 학창 시절 대입 시험을 앞둔 고등학교 3학년 모의고사에서 실력을 제대로 발휘하지 못했다고 합니다. 그런데 그 이후로 반 친구들이 글씨를 쓰는 소리가 갑자기 크게 들리기 시작했습니다. 말할 용기가 없어 반 친구들에게 글씨 쓰는 소리를 줄여 달라고 대놓고 이야기하지는 못했습니다.

　갈수록 글씨 쓰는 소리는 마음을 불안하게 했습니다. 결국 여성은 입학시험에 떨어져 원하던 대학에 들어가지 못했습니다. 문제는 그 이후로 계속되었습니다. 대학에 입학하고 나서도 누군가 글씨 쓰는 소리가 들리기 시작하면 어떤 것에도 집중할 수 없었습니다.

이 여성은 시험을 잘 못 치른 원인을 외부적인 요인으로 돌렸습니다. 입학시험에서 좋은 성적을 얻지 못하자 '다른 사람들이 글씨 쓰는 소리가 너무 크게 들렸어. 그래서 시험에 떨어질 수밖에 없었던 거야'라는 결론을 내렸습니다. 시험을 볼 때마다 '사각사각' 하는 소리에 지나치게 예민해진 나머지 실패의 원인을 글씨 쓰는 소리로 보았던 것이죠.

이 여성이 글씨 쓰는 소리를 무서워한 이유는 사실 심리 방어기제의 작용 때문입니다. 그녀는 실패한 후에 실패의 원인을 정리하는 과정에서 '은폐'라는 방어기제를 사용했습니다.

'은폐'는 '합리화'라고도 불립니다. 추구하던 목표를 이루지 못하거나 사회규범에 부합되지 않는 행동을 한 경우 자신에게 유리한 이유를 찾아 변호하여 문제에서 벗어나려는 심리 방어술을 가리킵니다.

은폐는 사람들이 가장 많이 사용하는 심리 방어기제입니다. 그럴듯해 보이는 이유를 붙여 자신의 행동이 올바르다는 점을 증명하고 잘못을 감추어 마음의 안정을 유지하려고 하죠. 이 '그럴듯해 보이는 이유'는 본질적인 이유가 아니며, 다른 사람들이 보기에는 비논리적으로 보일지도 모릅니다. 하지만 당사자는 그 이유를 철석같이 믿고 편안함을 느낍니다.

은폐 또는 합리화는 부정적인 뉘앙스로 느껴집니다. 하지만 타인에게 해를 끼치지 않고 자기 마음을 위로하는 방식의 적절한 은폐는 좌절을 극복하는 좋은 방법이 될 수 있습니다.

앞선 사례의 여성은 고의로 은폐를 사용한 것이 아니었습니다. 글씨 쓰는 소리와 성적에는 확실한 연관성이 있다고 굳게 믿었으니까요. 한동안 자신의 '합리적인 이유' 덕분에 시험을 잘 보지 못해도 마음이 그다지 불안하지 않았습니다. 하지만 이렇게 계속 은폐 방어기제를 사용하다 보니 신경이 날카로워져 사람들이 많이 모인 시험장에서는 단 5분도 버티지 못하게 된 것입니다.

'그럴싸한' 이유 하나만 있으면 된다

옛날에 한 인색한 부자가 있었습니다. 어느 날 이 부자는 하인 한 명을 데리고 길을 나섰습니다. 두 사람은 길을 가다가 작은 식당에 들어가서 국수를 한 그릇씩 시켜서 먹었습니다. 하인은 당연히 국수 값을 주인이 지불해야 한다고 생각했기에 돈을 내지 않았죠. 부자는 체면 때문에 마지못해 돈을 냈습니다. 국수를 다 먹고 나서 두 사람은 계속 길을 나섰는

데 부자는 자신이 국수 값을 낸 것에 대해 계속 속으로 못마 땅하게 생각했습니다.

날이 어두워지자 하인은 호롱불을 켜고 조심스럽게 주인 의 뒤를 따랐습니다. 화가 채 가시지 않았던 부자는 트집을 잡아 하인에게 화를 냈습니다.

"너는 등불을 들고서는 내 뒤에 있으니 나더러 어떻게 길 을 보고 걸어가란 말이냐."

하인은 눈치 빠르게 즉시 몇 걸음을 빨리 앞서가서 주인 의 앞에서 길을 비추었습니다. 부자는 다시 호통을 치며 이렇 게 말했습니다.

"내 앞에서 걸으니 네가 내 주인이 된 셈이구나!"

하인은 그 말을 듣고 즉시 몇 걸음 뒤로 가서 부자와 나란 히 함께 걸었습니다. 부자는 또다시 화를 냈습니다.

"네가 나랑 어깨를 나란히 하고 걸으니 나랑 동등한 지위 가 되고 싶은 게 아니냐?"

하인은 억울했지만 작은 소리로 해명을 할 수밖에 없었습 니다.

"앞이나 뒤에서 걸으면 안 되고 나란히 걸어도 안 된다면, 제가 어디서 걷기를 원하시는 겁니까?"

그러자 주인은 두 눈을 부라리면서 "아까 그 국수 값을 내

놓고 네가 가고 싶은 데로 가버려!"라고 말했습니다.

부자는 자신의 불만을 터뜨리기 위해 하인을 괴롭힐 거리를 계속 찾은 것이죠. 부자가 제시한 이유들은 모두 그럴듯해 보였기에 하인은 주인이 자신을 괴롭히고 있다는 걸 알았지만 어쩔 도리가 없었습니다. 이 이야기는 은폐가 '합리적인 이유'를 찾는 것이라 말하고 있습니다.

사람들은 실패를 겪거나 자신이 생각했던 목표를 이루지 못했을 때 그럴듯한 이유를 찾아 자신의 실패를 은폐합니다. 실패의 이유를 자기 자신이나 외부적인 요소에서 찾게 되는데, 무슨 이유든지 간에 마음속의 기대를 만족시키고 불안을 피할 수 있기만 하면 됩니다.

어린아이도 은폐 심리 방어기제를 사용할 줄 압니다. 누나와 남동생이 같이 놀고 있었습니다. 두 아이에게는 각각 사탕이 다섯 개씩 있었죠. 누나는 순식간에 사탕을 다 먹어버렸고 남동생에게는 아직 두 개가 남아 있었습니다. 누나는 남동생이 가지고 있던 사탕 두 개를 빼앗았습니다. 남동생은 크게 울음을 터뜨렸고 부모는 아이들에게 무슨 일인지 물었죠. 남동생은 "누나가 자기 사탕을 다 먹고 제 걸 뺏어 갔어요"라고 말했습니다. 부모님은 동생이 더 어리기 때문에 동생의 사탕을 뺏으면 안 된다며 누나를 혼냈습니다. 하지만 누나는 당당하게 이렇게 말했습니다.

"저는 동생 사탕을 뺏으려고 한 게 아니라 들고 있는 걸 도와주려고 했어요. 재가 사탕을 들고 있다가는 잃어버릴 걸요? 방금 전에도 땅에 하나 떨어뜨렸어요."

누나는 분명히 남동생의 사탕을 먹고 싶어서 뺏어 갔지만 나중에는 오히려 남동생을 위해서 한 일이라고 말했습니다. 부모님께 야단맞지 않기 위해서 누나는 반사적으로 은폐를 사용해 '거짓말'을 한 것입니다.

은폐에는 진정한 동기를 숨기거나 관련된 사건을 잘 해명할 수 있는 그럴듯한 이유가 필요합니다. 최소한 당사자 자신이 그 이유를 수용할 수 있어야 하죠. 이 이유에 따라 신포도 심리, 달콤한 레몬 심리, 책임 전가 기제의 세 가지 형식으로 구분됩니다.

신 포도 심리: 포도가 실 거 같아서 안 먹었다

《이솝우화》에는 모두가 잘 알고 있는 '여우와 신 포도' 이야기가 나옵니다. 배가 많이 고팠던 여우는 잘 익은 포도를 보며 군침을 흘립니다. 하지만 안타깝게도 포도나무는 너무 높아서 손이 닿지 않았죠. 여우는 몇 걸음 뒤로 물러섰다가 있는 힘을 다해 뛰어올랐습니다. 하지만 여전히 포도에는 손이 닿지 않았습니다. 여우는 포기하지 않고 몇 번이나 더 시도했지만 포도 근처에도 가지 못했습니다. 결국 여우는 포도를 포기합니다. 그리고는 웃으면서 혼잣말로 이렇게 중얼거리죠.

"저 포도는 아마 신맛일 거야. 나는 저 포도를 먹고 싶지 않아."

여우는 그렇게 스스로를 위로하면서 즐겁게 길을 떠납니다.

심리학에서는 여우의 이런 심리 상태를 '신 포도 심리'라고 부릅니다. '신 포도 심리'란 우리가 어떤 목표를 추구하다가 실패했을 때, 그 목표를 폄하하고 그럴만한 가치가 없었다고 말하면서 심리적인 불안을 줄이고 스스로를 위로하는 증상을 가리킵니다.

신 포도 심리는 부분적으로 은폐의 한 방식으로 볼 수 있습니다. 하지만 유의해야 할 점이 한 가지 있습니다. 앞서 언급했듯이 심리 방어기제의 특징은 방어기제를 사용할 때 스스로 그 사실을 의식하지 못한다는 점입니다. 사람들은 은폐를 통해 자신에게 그럴듯한 이유를 제시하는데, 그 이유를 완벽하게 믿고 실패를 감추기 위해 변명하고 있다는 사실을 인식하지 못합니다.

만약 포도를 먹지 못한 여우가 단지 말로만 그렇게 이야기했다면 마음속으로는 여전히 그 포도가 달다는 사실을 알고 있기 때문에 심리 방어기제가 될 수 없습니다. 그런 경우는 단지 자신에 대한 의식적인 위로가 될 뿐입니다. 신 포도 심리의 특징은 '갖지 못한 것은 원래 좋지 않은 것이었다'라고 생각한다는 점입니다.

이 신 포도 심리는 잘 사용하면 새로운 출발에 도움이 될 수 있습니다. 제가 가르쳤던 어떤 여학생은 결혼을 약속한 남자 친구와 갑작스럽게 헤어졌습니다. 그런데 얼마 후, 전 남자 친구로부터 청첩장을 받았습니다. 그녀는 슬픔과 분노를 넘어 비참한 기분을 느꼈다고 합니다. 그녀는 과거의 상처에서 벗어나기 위해 전 남자 친구의 결혼식에 데려갈 '키가 크고 훤칠하며 어깨가 넓고 체격이 좋은' 새로운 남자 친구를 찾기 시작했습니다. 그녀는 "전 남자 친구는 키가 작고 어깨가 좁았어요. 그 사람보다 훨씬 괜찮은 사람과 만나고 있다는 걸 보여주고, 저도 이제 새로운 사람을 만나 행복해지고 싶어요"라고 말했습니다.

이 여학생의 행동은 은폐의 신 포도 심리를 구체적으로 드러냅니다. 그녀는 전 남자 친구와 결혼하고 싶었던 바람이 물거품이 되어버린 후, 그보다 더 잘난 새 남자 친구를 이용해 전 남자 친구의 가치를 부정했습니다. 이를 통해 스스로에게 전 남자 친구 때문에 마음 아파할 이유가 없다는 사실을 알려 마음의 안정을 얻을 수 있었죠. 연애도 새롭게 시작했고요. 이 여학생은 심리 방어술을 아주 잘 활용했다고 할 수 있습니다. 그녀는 심리적인 안정을 얻었을 뿐만 아니라 과거의 상처에서 벗어나 능동적으로 새로운 사랑을 찾기 시작했습니다.

신 포도 심리는 일상에서도 흔히 찾아볼 수 있습니다. '미인박명'이라는 말이라든가 '잘생긴 남자는 분명 바람을 피울 거야'라고 생각하는 것도 그 예입니다. 외모가 뛰어난 게 결코 좋은 일은 아니라고 여기며 심리적인 안정을 얻는 것이죠. 운동에 소질이 없는 사람은 "운동을 좋아하는 사람들은 대부분 공부를 잘하지 못해"라고 말하기도 합니다. 어떤 사람은 업무 중 큰 실수를 하는 바람에 보너스를 받지 못하게 되었는데도 전혀 신경 쓰지 않습니다. 그는 "나는 그 돈을 중요하게 생각하지 않아. 오히려 그렇게 큰 실수를 해놓고도 보너스를 받았으면 부끄러웠을 거야"라고 말합니다. 이는 분명 스스로를 위로하는 행동입니다.

적당한 수준의 신 포도 심리는 마음속의 불안을 해소하는데 도움이 되며 긴장을 풀어주고 스트레스를 줄이는 역할을합니다. 복잡한 인간관계와 세상의 문제들에 잘 대처하고 적응하게 해주죠. 항상 남을 부러워하는 사람들에게는 이 신 포도 심리가 필요합니다.

부서 책임자를 뽑는 시험에 떨어진 어느 평범한 간부가있었습니다. 그는 며칠 동안 몹시 우울해했습니다. 그러던 어느 날 그는 다음과 같은 사실을 문득 깨달았습니다.

'직책이 높을수록 책임은 더 무거운 법이지. 지금의 직급을 유지하면 아무런 제약 없이 자유롭게 행동할 수 있고, 더많은 시간을 업무에 집중할 수 있어. 그러니 꼭 부러워할 필요는 없어.'

이런 생각을 하자 그는 마음이 편안해졌습니다.

이미 벌어진 사건에 대해 불안해하는 건 아무런 소용이없습니다. 아무리 고민해도 이제 더 이상 해결할 방법이 없는경우라면 신 포도 심리는 확실히 좋은 방어술이 되어 새로운시작을 도와줄 것입니다.

단 레몬 심리: 지금 입에 넣은 레몬은 분명히 달다

　신 포도와 상반되는 은폐 방식을 '단 레몬 심리'라고 부릅니다. 두 방식 모두 불안으로부터 마음을 보호하기 위한 것인데, 그 출발점은 서로 다릅니다. 신 포도 심리는 자신이 이루지 못한 목표를 폄하하지만, 단 레몬 심리는 자신이 이룬 성과를 과대평가합니다.

　'여우와 신 포도' 이야기로 다시 돌아가 봅시다.

　"포도는 시다"라는 말로 자신을 위로한 다음 다시 즐겁게 길을 떠난 여우는 배고픔을 채워줄 만한 음식을 계속 찾았습니다. 그러나 한참을 걸어도 먹을 만한 음식을 찾을 수 없었고, 마지막으로 레몬 나무 옆에 도착하게 됩니다. 배가 너무 고팠기 때문에 여우는 신 레몬을 따서 배고픔을 달랠 수밖에 없었습니다. 원래 레몬은 맛이 시고 떫지만, 허기진 여우는 아주 맛있게 레몬을 먹었습니다. 게다가 "레몬이 정말 달군!"이라고 말하면서 계속해서 레몬의 맛에 감탄했습니다.

　인생에서 뜻대로 되지 않는 일에 직면했을 때 우리는 이 솝우화에 나오는 여우처럼 그 일의 좋은 면을 강조하려고 노력합니다. 이는 단 레몬 심리로, 자신이 달성한 일이나 가지고 있는 것이 이미 최고의 선택이라는 점을 납득시키려는 것입니다. '만족할 줄 알면 항상 즐겁다'라는 말이 있는 것처럼, 레몬이 달다고 생각하는 것은 현실을 받아들이는 데 도움이 되는 좋은 방법입니다.

어떤 사람은 남에게 돈을 사기당하고 나서 오랫동안 슬픔과 낙담에 잠겨 있다가 나중에는 스스로를 이렇게 위로하기도 합니다. "그래, 돈을 주고 교훈을 얻은 거야. 돈으로 액땜한 거지"라고요.

단 레몬 심리를 사용할 때 우리의 마음속에는 열등감과 자만심이 공존합니다. 나약하고 교만한 자존심과 자기 자신을 보호하기 위한 본능이 함께 담겨있죠.

기나긴 인생의 길 위에서 자신이 어떤 일을 겪게 될지 아는 사람은 아무도 없습니다. 만약 지금 상처와 불안이 여러분에게 다가왔다면, 그리고 최선을 다해도 현실을 바꿀 수 없다면 이 현실에 만족하는 것이 더 행복해지는 길일 수도 있습니다.

일이 이렇게 된 건 전부 다 네 탓이다

은폐 심리 방어기제에는 '책임 전가' 기제도 포함됩니다. '책임 전가'란 자신에게서 결점이나 실패를 발견했을 때, 그 원인을 외부 환경이나 다른 사람에게 돌리고 자신이 그 일에 대해 책임지지 않음으로써 마음의 평온을 유지하는 것을 가리킵니다.

투자 회사의 중간 관리자로 일하는 남자의 이야기를 들려드리겠습니다. 그는 실수로 아주 중요한 보고서를 일주일이나 늦게 제출했습니다. 상사는 당연히 화가 나서 인정사정없이 그를 야단쳤습니다. 남자는 마음속으로 오히려 이렇게 생각했습니다.

'나도 어쩔 수 없는걸. 이건 결코 내 탓이 아니야. 나는 이렇게 스트레스를 많이 받는데 내가 더 어떻게 하길 바라는 거지? 회사는 나한테 너무 많은 걸 요구해.'

남자는 상사가 자신을 야단치는 건 자신에게 너무 많은 걸 요구하기 때문이며, 자신이 업무를 잘 처리하지 못해서가 아니라고 생각했습니다.

사람들은 자신에게 책임이 돌아오는 걸 최대한 피하기 위해 이런저런 이유를 찾습니다. 어떤 사람은 시험을 망치고 나서 시험 문제가 너무 어려웠다면서 선생님이 실력이 없는 탓이라 말합니다. 시험을 망친 데는 다양한 원인이 있는데 왜 꼭 선생님이 실력이 없다고 말하는 걸까요? 수업을 열심히 듣지 않았거나, 시험 준비를 잘하지 않았거나 하는 이런 원인들은 모든 것을 자신의 책임으로 만들어버립니다. 자신이 한 잘못을 생각하면 초조하고 불안하죠. 어떻게 해야 이 불안에서 벗어날 수 있을까요? 아예 선생님이 실력이 없다고 탓해버리면 불안해할 이유가 없어집니다.

또 어떤 사람은 자신이 늦게 출발한 것은 반성하지 않고 버스가 제시간에 오지 않아 지각했다고 말합니다. 취직 시험을 몇 번이나 봤는데도 합격하지 못하면 회사가 이상하다거나 자기만 운이 너무 나쁘다며 원망하죠. 승진하지 못하면 상사가 사람을 제대로 쓸 줄 모르고 인재를 알아보지 못한다고 욕합니다.

세상을 살다보면 안 되는 이유는 많고 잘 되는 이유는 없다고 느낄 때가 있습니다. 또는 잘 되는 건 나 덕분이고 안 되는 건 다른 사람 때문이라고 여기기도 합니다.

적당한 은폐는 우리가 삶에 더 잘 적응하도록 도움을 주고 심리적인 고통을 줄여줄 수 있습니다. 하지만 지나친 은폐는 우리를 현실로부터 멀어지게 만듭니다. 자신을 기만하고 문제 해결 방법을 찾지 못하게 하죠. 자신의 능력을 올바로 파악하지 못하면 장기적인 발전이 어려워집니다.

우리 모두는 '합리적인 이유'를 찾는 동시에 '해결책' 역시 찾을 수 있는 잠재력을 가지고 있습니다. 현실을 받아들이지 못해 혼자 정신 승리하는 것처럼 느껴지지 않도록 은폐를 적절히 사용해야 합니다.

사람은 보고 싶은 것만 본다

해리

여러분은 평소 주변 사람에게 어떤 모습으로 비추어지나요? 우리의 내면에는 여러 가지 모습들이 있기 때문에 가정, 회사, 친구, 연인에게서 각기 다른 평가를 받기도 합니다. 연인에게는 다정한 사람이지만 회사에서는 무뚝뚝한 사람이라는 이야기를 듣기도 하죠.

어렸을 때부터 가난한 집안을 책임져야 했던 남자가 있었습니다. 하지만 그 꿈을 이루는 건 쉽지 않았기에, 때로는 성공을 위해 수단과 방법을 가리지 않아야 했습니다. 부하 직원들에게 압박을 심하게 주기도 하고, 갖가지 방법을 동원해 성과를 내기도 했습니다.

하지만 그는 집에서는 전혀 다른 모습을 보였습니다. 집안을 책임지는 가장으로서 화목하고 즐거운 가정을 만들고

자 노력했습니다. 그 때문에 가족들은 그를 좋은 남편이자 아버지로 여겼습니다.

우리의 삶도 이와 다르지 않습니다. 늘 모순적이죠. 어떨 때는 같은 상황에서도 다른 환경에 놓이면 완전히 상반된 행동을 보이기도 합니다. 왜 그럴까요?

'해리' 방어기제로 자신을 보호하고자 하기 때문입니다. '해리'란 상황에 따라 분리되거나 분열된 인격을 보이는 것을 말합니다. 앞선 사례 속 남자의 모습처럼 말입니다. 따라서 우리는 하나의 기준, 혹은 한 가지 행동만을 근거로 삼아 타인을 평가해서는 안 됩니다. 타인을 입체적으로 이해하기 위해서는 다양한 방면에서 오랜 시간 사람을 깊이 있게 관찰해야 하죠.

절대적으로 진실한 사람은 없다

우리는 살면서 인간은 위선적이고 속임수로 가득 차 있다고 말하며 누군가를 원망할 때가 있습니다. 하지만 아이러니하게도 그렇게 생각하고서는 결국 자신도 똑같은 행동을 합니다. 이는 사실 인간의 본성에 따른 필연적인 행동입니다. 세상은 진실과 속임수가 끝없이 맞물리는 연쇄 작용으로 돌아가죠. 심리학의 관점에서 볼 때 '거짓말'은 의식을 분열시켜 해리 방어기제를 사용해 자신을 보호하려는 행위입니다.

수많은 심리학 실험은 이 세상에 절대적으로 진실한 사람은 결코 존재하지 않는다는 사실을 증명했습니다. 가장 진실하다고 믿는 사람이라고 해도 어떤 경우는 거짓말을 할 수 있죠.

미국의 심리학자인 로버트 펠드먼Robert Feldman은 다음과 같은 실험을 한 적이 있습니다.

연구자들은 먼저 실험 지원자들을 모집한 다음 그들의 몸에 몰래 카메라를 설치해 그들이 하루 동안 하는 말을 녹음했습니다. 다음날 연구자들은 실험 지원자들에게 전날 기록된 내용을 보면서 그들이 이야기할 때 거짓말을 몇 번 했는지 10분 간격으로 통계를 내달라고 요청했습니다.

연구자는 사전에 실험 지원자와 사생활 비밀 보호 계약을 맺었기 때문에, 지원자들은 연구자들을 믿고 자신이 거짓말을 얼마나 많이 했는지 솔직하게 말했습니다. 그리고 연구자들은 최종적인 통계를 근거로 실험 지원자들이 10분 동안 평균 세 번 거짓말을 했다는 사실을 알아냈습니다. 그 중 한 가지 실험을 예로 들면, 어떤 여성은 친구와 10분 동안 짧은 통화를 하면서 세 번 거짓말을 했습니다.

통화 내용은 다음과 같습니다. 처음에 친구가 그녀에게 어떻게 지내느냐고 묻자 그녀는 이렇게 대답했습니다.

"그럭저럭 잘 지내."

잠시 후에 친구는 아이를 키우는 게 힘들지 않느냐고 물었고, 그녀는 "아니야. 우리 애들이 말을 참 잘 들어"라고 대답했죠. 통화를 끝낼 쯤 친구는 주말에 함께 소풍을 가자고 이야기했습니다. 이에 그녀는 "주말은 가족이랑 함께 보내야 돼"라고 말했죠.

통화가 끝나고 나서 그 여성은 자신이 세 번 거짓말했다는 사실을 연구자에게 인정했습니다. 사실 그녀의 결혼 생활은 평탄하지 못했습니다. 아이를 키우는 것도 너무 힘들어서 소풍 갈 기분이 전혀 아니었다고 했습니다.

다른 실험 지원자들도 이 여성과 같은 방어 심리를 보였습니다. 지원자들이 가까운 친구들에게는 거짓말을 하고 연구자들에게는 솔직하게 자신의 상황을 이야기한 이유는 무엇일까요?

그들은 자신의 현재 삶이 그렇게 이상적이지 않다고 생각했습니다. 자존심을 지키기 위해 친구에게 사실을 숨긴 것이죠. 하지만 지원자와 연구자의 관계는 친구 관계와는 다릅니다. 이들은 실험하는 동안 아주 잠시 협력하는 관계일 뿐이며 사생활 비밀 보호 계약까지 맺었기 때문에, 현재 자신의 상황을 이야기하는 것을 전혀 불편해하지 않았습니다. 같은 상황이지만 다른 대응 방법을 사용해 자신을 보호한 사례입니다.

속임수는 생물이 생존과 번식을 위해 스스로를 보호하는 특별한 기술입니다. 마치 바이러스가 표면에 있는 단백질로 인체의 면역 체계를 속이고, 곤충이 다양한 위장 방법으로 천적을 속이는 것처럼 말입니다.

인류의 속임수는 본능에서 나옵니다. 우리는 복잡하고 어지러운 사회 속에서 생존하고 발전해야 하죠. 이 과정에서 장애물에 부딪쳤을 때 우리는 외부 세계에 대해 어느 정도 진실을 속이거나 숨깁니다. 이런 본능적인 속임수는 경쟁이 더욱 격렬한 현대 사회에 더 자주 사용되고 있습니다.

호불호가 확실한 것은 과연 합리적일까?

해리 작용이 우리 마음을 보호하는 또 다른 이유는 해리가 의식에서 두 가지 이상의 모순적인 내용이나 감정이 동시에 나타나는 걸 방지하기 때문입니다. 사람은 주관적인 기준으로 세상을 바라보기 때문에, 사소한 일로 한쪽 극단에서 다른 쪽 극단으로 생각이 바뀝니다. 전날은 상대방의 모든 점이 좋다고 생각했다가 또 그다음 날에는 크게 실망한 나머지 상대방을 별 볼 일 없는 사람이라고 여기죠.

한 기업 사장은 젊었을 때 높은 학력을 취득하지 못한 점을 아쉬워했습니다. 성공한 다음에는 여러 가지 일에 파묻혀 사느라 지쳐서 공부할 시간을 내기 어려웠습니다. 그 때문에 그는 막 졸업한 젊은 MBA 출신 직원들을 채용하는 걸 매우 좋아했습니다.

사장은 MBA 출신 직원들의 최신 기업 관리 기술에 감탄하며, 모든 직원이 그들에게 배워야 한다고 말했습니다. 사장은 그들에게 좋은 대우를 해주었고 다른 직원들에게는 그들의 관리에 따를 것을 요구했습니다. 회사에서 오래 일한 다른 직원들은 불공평한 처사라고 느꼈습니다. 가장 최악이었던 점은 그 젊은 MBA 출신 직원들이 사장의 생각만큼 훌륭하지는 않았다는 사실입니다. 사장은 나중에 가서는 그들에게 크게 실망해, 젊은 MBA 출신 직원들이 전혀 쓸모가 없다고 생각하게 되었습니다.

훗날 이 기업은 다른 대기업과 합병되었습니다. 사장이 보기에 자신의 회사를 합병시킨 그룹의 CEO는 매우 대단한 사람이었습니다. 그는 그 그룹의 CEO에게 마음을 빼앗겼고 사람들을 만날 때마다 그 CEO가 유능하고 패기가 있다며 칭찬을 늘어놓았습니다.

어느 날, 그 그룹은 더욱 발전하기 위해 각 자회사의 업무를 통합 조정해야 했습니다. 그리고 인원을 재배치할 목적으로 각 자회사에 관련 자료를 제출하라고 요구했습니다. 사장은 그 사실을 알고 나서 그룹 CEO가 자신을 신임하지 않는다고 생각했습니다. 사장은 다시는 그 CEO를 칭찬하지 않았고 예전처럼 존경하지도 않았습니다.

이 사례에서 기업 사장은 객체를 해리하였습니다. 처음에는 젊은 MBA 직원들을, 나중에는 그의 회사를 병합시킨 CEO를 해리했죠. 그에게는 좋고 나쁨이 동시에 존재할 수 없었습니다. 그는 어떤 사람이 매우 훌륭하든가 그게 아니면 더없이 나쁘든가 둘 중 하나라고 생각했습니다.

분명히 해리는 사람들이 문제를 객관적으로 보지 못하게 하고 더 나아가 문제를 객관적으로 처리하지 못하게 만듭니다. 주변에 좋고 싫음이 분명하거나 타인에 대한 평가가 수시로 바뀌는 사람이 있나요? 어쩌면 그 사람은 마음속에서 어떤 대상을 쉽게 해리하고 있는지도 모릅니다. 아니면 겉으로 드러난 것을 그대로 믿음으로써 상대방에게서 보고 싶은 것만 골라서 보려고 하는 것인지도 모르겠습니다.

하지만 세상은 보이는 게 전부가 아닙니다. 사람의 내면은 훨씬 복잡하고 다양한 모습으로 이루어져 있죠. 성숙한 인간관계를 위해서는 보이는 것 너머에 숨겨진 진실까지도 깊이 파악하려는 노력이 필요합니다.

좋아하는 사람과
지속적인 관계를 유지하는 법

반동 형성

우리는 가끔 마음속으로 어떤 사람을 미워하거나 증오하면서 겉으로는 그 사람에게 친절과 관심을 보일 때가 있습니다. 또는 반대로, 마음속으로는 그 사람을 좋아하면서 겉으로는 매우 차갑게 대하거나 미워하는 모습까지 보입니다.

이는 반동 형성의 심리 방어기제와 관련이 있습니다. '반동 형성'이란 어떤 사람의 욕망과 동기가 그 자신의 의식이나 사회에서 용납되지 않을 때, 자신의 욕망과 동기를 드러내지 않기 위해 오히려 자신을 억누르고 반대되는 행동을 보이는 현상을 가리킵니다. 다시 말해서 반동 형성 방어기제를 사용하는 사람이 외부로 드러내는 행동은 마음속의 진심과 상반된다는 것입니다.

지금 관심이 가는 누군가가 있다면

오래전부터 나가던 모임에서 만난 남자를 혼자 좋아하는 여자가 있었습니다. 설레는 감정만 생각했다면 어떻게 그 남자에게 다가갈지를 고민했겠지만, 이 여자는 다른 부분을 신경 썼습니다. 그 남자와 너무 가깝게 지내면 다른 사람들의 입에 자기 이야기가 오르락내리락할까 봐 걱정이 되었던 것이죠. 그러다가 잘못하면 그 남자와 더 이상 지금과 같은 관계를 유지하는 것조차 어려워질 것 같다는 생각이 들었습니다. 그래서 여자는 자신의 감정을 절제하려 애를 썼습니다. 하지만 자꾸만 마음이 가는 걸 멈추게 할 수는 없었습니다. 여자가 택한 방법은 그 남자와 단둘이 있는 것이 아닌 다른 사람들과 함께 어울리는 것이었습니다. 여자는 자신의 마음을 알게 된 사람들이 뒤에서 괜히 수군덕거릴까 봐 그 남자를 쳐다보지도 않았고 그의 말을 못 들은 척하기도 했습니다.

남자는 이 여자가 자신을 싫어한다고 느끼게 되었습니다. 그래서 점점 여자를 멀리하기 시작했죠. 여자는 자신의 마음을 숨긴 것을 후회했지만 어쩔 수가 없었습니다. 여전히 사람들의 시선이 더 무서웠으니까요.

여자가 마음속으로는 남자를 좋아하면서 겉으로는 싫어

하는 행동을 보여준 것은 반동 형성 심리 방어기제의 작용을 나타냅니다. 여자가 그 남자를 좋아하는 마음은 원초아의 충동입니다. 하지만 여자는 스스로 그 충동이 적절하지 않다고 느꼈고 자신이 상처받을까 봐 그 남자를 싫어하는 척했던 것이죠. 그렇게 하고 나면 불안감이 줄어듭니다. 여자는 마음속 욕망과 정반대의 행동을 보여 자신의 마음을 보호했습니다.

하지만 이처럼 과한 반동 형성은 발전할 수 있는 좋은 관계를 깨뜨릴 가능성이 있습니다. 이때 여자가 했어야 하는 일은 자신의 진짜 마음을 남자에게 용기 있게 표현하는 것이었죠. 물론 쉬운 일은 아닙니다. 하지만 솔직한 마음을 보여주지 않고서는 친밀하고 지속적인 관계를 맺기 어렵습니다. 얕은 관계로 만족해야 하거나, 때로 어렵게 유지해오던 관계를 끊어야 할 수도 있습니다.

내 생각과는 다르게 펼쳐지는 상황은 우리의 삶을 더 외롭게 만듭니다. 타인을 지나치게 의식하지 않고 자신의 진심을 드러내 보이는 용기가 여러분의 삶을 긍정적으로 이끌어 갈 것입니다.

나의 결점까지도 사랑하라

중국에서 전해져 내려오는 재미있는 이야기가 있습니다. 어떤 남자가 고생 끝에 은 삼백 냥을 모았는데, 그 돈을 어디에 보관하면 좋을지 몰라 날마다 근심하고 있었습니다. 고민 끝에 그는 돈을 땅에 묻기로 했습니다. 그래도 마음이 놓이지 않던 그는 벽에 "이곳에는 은 삼백 냥이 없다"라는 글을 남겼죠. 이웃집이 그 글을 보고는 남자가 잠자는 틈을 타서 몰래 돈을 훔쳐 갔습니다. 그리고는 "이웃집은 은 삼백 냥을 훔쳐 간 적이 없다"라는 글을 남겼다고 합니다.

반동 형성은 이 이야기에 등장하는 두 사람의 모습과 유사합니다. 바보 같아 보이겠지만, 반동 형성을 나타내는 사람은 자신이 방어기제를 사용하고 있다는 사실을 잘 인지하지 못합니다. 그래서 반동 형성 기제는 정신 질환을 앓고 있는 사람, 특히 심한 공포증 증상을 보이는 사람에게서도 잘 나타납니다. 대부분의 경우 공포증 환자가 두려워하는 것은 사실 자기 마음속에 숨겨진 욕망이죠.

한 내담자의 사례를 소개해드리겠습니다. 하고 싶은 말이 있으면 반드시 하고, 화가 나면 주변 사람에게 화를 내야 직성이 풀리는 남자가 있었습니다. 그런데 언제부터인가 그는 집에만 돌아가면 한마디도 하지 않게 되었다고 합니다.

어느 날 남자는 동생과 크게 다툰 적이 있었습니다. 여느 때처럼 화를 주체하지 못한 채 동생을 겁주기 위해 뾰족한 커터칼을 들었는데, 실수로 동생의 손에 상처를 내었다고 합니다. 동생을 정말 다치게 할 생각은 없었던 남자는 커터칼에 베여 피가 철철 나는 동생을 보고 엄청난 죄책감을 느끼고는 자신의 행동을 후회했습니다. 그때부터 그는 날카로운 물건은 쳐다보지도, 만지지도 않았다고 합니다. 가까운 곳에 뾰족한 물건이 있기만 해도 몸을 피했고, 점점 말수도 적어졌죠. 남자는 갑자기 화를 참지 못하고 또다시 그런 실수를 반복할까 봐 무서웠던 것입니다.

이 남자의 행동은 전형적인 반동 형성을 보여줍니다. 그의 마음속에는 충동적인 욕망이 있지만 겉으로 그는 최대한 그 충동을 피하려는 상반된 행동을 합니다. 그렇게 해야만 불안과 죄책감을 느끼지 않을 수 있을 테니까요. 날카로운 물건을 만지고 싶어 하는 욕망을 억눌러야지만 사람을 해치지 않을 것이라고 생각하게 되었기 때문입니다.

이와 비슷한 공포증 사례는 많이 있습니다. 이성에 대한 두려움을 갖고 있는 사람들이 있습니다. 그 역시 대부분은 반동 형성 기제로 인해 생깁니다. 이런 사람들을 상담해보면 청소년 시기에 부모님이나 선생님에게 '성행위는 좋지 않은 것'이라는 교육을 받았거나 종교적인 영향을 강하게 받은 경우가 대부분이었죠. 마음속으로는 이성과 교제하고 싶은데 어릴 때 형성된 잠재의식 때문에 욕망을 억압하여 이성과 교제할 생각을 하지 못하는 것입니다.

숨기고 싶은 결점이나 말할 수 없는 욕망은 누구에게나 있습니다. 몸과 마음이 따로 노는 것처럼 느껴질 때, '나는 대체 왜 이럴까' 하고 자책에 빠지거나 스스로를 너무 미워하지 마세요. 나의 결점까지 끌어안고 사랑할 수 있다면, 나를 힘들게 하는 세상의 모든 공격에서 자신을 거뜬히 지켜낼 수 있습니다.

4장

나에게 잘해줄수록
더 괜찮은 내가 된다

'미안해'라는 말에는 특별한 힘이 있다

의식화와 취소

사람들은 살다가 잘못을 저지르면 그 잘못이 고의든 아니든 불안을 느낍니다. 그리고 특히 그 잘못이 다른 사람에게 피해를 주었다면 죄책감이 더 커지죠. 이때 자신의 죄책감을 줄이기 위해 상징적인 행동으로 이미 발생한 사건을 상쇄하려 하는 현상이 '의식화와 취소' 방어기제입니다.

'의식화와 취소'는 먼저 '의식화', 즉 상징적인 행동을 통해 이미 발생한 고통스러운 사건을 '취소'합니다. 종교의식을 예로 들 수 있습니다. 세례는 기독교인에게 거행되는 중요한 의식입니다. 기독교 국가에서 대다수의 사람들은 아기 때 교회에서 세례를 받습니다. 목사(또는 신부)는 아이를 받은 다음 아이의 머리 위에 성수를 떨어뜨리고 이렇게 말합니다.

"성부, 성자, 성령의 이름으로 세례를 베풉니다."

사람들은 세례를 통해 원죄에서 벗어나 순결한 삶을 살아갈 것을 선언하죠. 따라서 세례는 일종의 의식화와 취소가 될 수 있습니다.

풍습과 종교의식에서 나타나는 의식화와 취소는 긍정적인 작용을 합니다. 희망적인 미래를 맞이할 수 있게 해주죠.

이런 점을 생각해보면 뜻대로 되지 않는 일에 부딪혔을 때 긍정적인 의식화와 취소를 사용한다면 희망과 믿음을 잃지 않을 수 있습니다. 사회에 적응하는 데도 도움이 되는 심리 방어술이 될 수 있습니다.

물론 모든 의식화와 취소가 이처럼 정형화된 형식이나 규칙으로 드러나지는 않습니다. 상징성을 보여주는 작은 행동이나 간단한 말 한마디로 나타날 수도 있죠.

이미 엎질러진 상황을 돌이키고 싶을 때

일상에서 볼 수 있는 가장 흔하고 대표적인 의식화와 취소의 예는 바로 '사과'입니다. '미안해'라는 말 한마디에는 잘못한 사람이 느끼는 양심의 가책을 크게 줄여주는 효과가 있습니다. 상대방 역시 이에 용서로 화답하며 관계를 회복하죠. 사과와 용서의 과정에서 일어난 의식화와 취소 작용이 불안한 마음을 잠재우고 죄책감을 줄여줍니다.

수개월 간 바쁜 업무와 잦은 출장 탓에 아내를 소홀히 대했던 남편이 있었습니다. 아내의 생일과 결혼기념일에도 그는 집에 있지 않았습니다. 어느 날 남편은 평소와는 다르게 집에 일찍 돌아와 아내를 대신해 집안일을 하고 저녁 식사를 준비했습니다. 연애하던 시절 자주 선물했던 예쁜 꽃다발도 함께 말이죠. 이렇게 특별한 행동을 통해 남편은 아내에게 미안한 마음을 없애려 했습니다. 남편은 취소 방어기제로 자신의 마음을 보호하고 아내와의 관계도 회복했습니다.

삼국지의 인물 중 유능하고 엄격한 지도자로 이름난 조조의 한 일화에서도 의식화와 취소 작용이 나타납니다.

조조는 평소 솔선수범해서 군법을 지킬 만큼 군사들에게 군법의 중요성을 거듭 강조했습니다. 그는 어느 날 중원 평야를 지나가다가 이렇게 명령을 내렸죠.

"모든 군사는 농작물을 밟아서는 안 된다. 명령을 어기는 자는 누구든 목을 벨 것이다!"

한번은 조조가 말을 타고 보리밭 옆을 지나가고 있었습니다. 그런데 어디선가 꿩 몇 마리가 갑자기 튀어나오는 바람에 조조가 탄 말이 세차게 날뛰면서 그만 보리밭에 뛰어들고 말

앗습니다. 조조가 정신을 차렸을 때는 이미 밭이 마구 짓밟힌 후였죠.

조조는 공정한 군법에 따라 자신을 사형에 처하라며 군사들에게 명령을 내렸습니다. 물론 충직한 군사들은 여러 이유를 들며 그래선 안 된다고 간언했습니다. 그래서 조조는 고민 끝에 칼을 뽑아 자신의 상투를 자르는 것으로 목숨을 대신했습니다.

조조는 엄정한 군법을 따라야 한다는 생각과 그렇다고 자신이 정말로 죽을 수는 없다는 생각을 동시에 했습니다. 그래서 마음속 충돌을 해결하는 방식으로 의식화와 취소 작용을 선택했습니다. 상투를 자르는 '상징적인 행동'으로 마음의 문제를 풀었던 것입니다.

의식화와 취소는 긍정적인 작용을 합니다. 마음의 짐을 덜게 하고, 꼭 상황이 나아지지 않더라도 희망적인 미래를 그려볼 수 있습니다. 그러다 보면 관계의 문제가 원활히 해결될 수도 있습니다.

한 가지 행동을 반복하는 사람들

한 중년 여성이 자신을 보호하려다 실수로 자신을 공격하던 사람을 살해한 사건이 있었습니다. 그날 이후로 여성은 강박적으로 손을 씻는 증상을 보였습니다. 손을 씻는 시간은 항상 20여 분에 달했습니다. 피부가 거의 짓무를 정도가 되었지만 그녀는 여전히 자신을 제어하지 못했죠.

이 여성은 사람을 죽였다는 죄책감 때문에 강박적으로 손을 씻게 된 것입니다. 그녀는 손에서 피비린내가 나고 더럽게 느껴진다며 손 씻기를 멈추지 못했습니다.

또 어떤 남자는 날마다 잠자기 전에 세수를 하고 나서 꼭 물이 떨어지지 않을 때까지 계속 수도꼭지를 깨끗하게 닦았습니다. 수도꼭지에서 물이 새면 화장실이 물바다가 될 것 같은 걱정과 불안이 계속 들었다고 합니다. 그는 특히 함께 살던 가족 중 어머니를 지키기 위해 그런 강박 행동을 멈출 수 없다고 말했습니다.

남자의 성장 배경을 살펴보면 부모님과 관계가 원활하지 못했습니다. 어머니는 아이를 지나치게 구속했고 아버지는 아이의 상황에 전혀 관심을 보이지 않은 채 일에만 열중했죠. 남자는 성장 과정에서 자신도 모르게 부모에 대한 원망을 쌓아갔습니다. 결국 남자가 수도꼭지를 깨끗하게 닦는 행위는 부모에 대한 마음속 분노와 갈등, 상처를 없애려고 했던 상징적인 행동이었던 것입니다.

이와 비슷한 강박증 환자의 사례는 매우 많습니다. 대부분 어떤 형식을 통해 죄책감과 나쁜 생각을 줄이거나 감추려고 합니다. 상징적인 행동을 통해 스스로를 처벌하는 것이죠.

지나친 의식화와 취소는 이렇듯 심리적인 질병을 일으킬 수 있습니다. 죄책감을 피하려다 강박증을 얻어버렸으니 말입니다. 여러분의 마음속에 알 수 없는 죄책감이 있다면, 그 죄책감이 어디서부터 왔는지 곰곰이 생각해보기를 바랍니다. 그리고 강박 증상이 일상을 방해하고 여러분을 해칠 정도로 심각하다면 상담 치료를 통해 반드시 심리적인 문제를 해결해야 합니다. 겉으로 드러나는 문제는 반복적인 행위인 것 같지만, 정말 심각한 문제는 마음의 병이기 때문입니다.

반드시 더 나아질 수 있다는 믿음이 중요하다

보상
·········

　'보상'이란 다른 사람의 능력을 뛰어넘음으로써 열등감 때문에 생기는 자신의 상처와 고통을 피하려고 하는 심리 방어기제입니다. 심리학자 아들러는 인간은 천성적으로 어느 정도 열등감을 가지고 있다는 견해를 밝히며, 이 '보상'이라는 개념을 최초로 제시했습니다.

　누구나 남에게 보이기 싫은 결점을 가지고 있죠. 이 결점은 남이 보아도 사실일 수 있지만, 단지 나 자신의 주관적인 생각이나 상상인 경우도 있습니다. 우리는 이 결점을 최대한 감추거나 보완해서 자존심을 높이려 합니다. 다른 사람에게 열등한 모습을 보이지 않기 위해 우월성을 추구하려는 욕망은 점점 커지게 되죠. 그러면 우리는 이 욕망을 만족시키고자 보상 방어기제를 사용합니다.

보상은 구체적으로 다음과 같이 이루어집니다. 예를 들어 남보다 몸이 건강하지 않아 열등감을 느끼는 사람은 이를 보상하기 위해 공부를 열심히 해 지식을 쌓습니다. 또 어떤 사람은 일을 잘하지 않아서 그 열등감을 보상하기 위해 남다른 사교력을 발휘하여 인맥을 넓히기도 합니다. 그는 이 인맥이 일의 성과를 보완해준다고 생각하죠.

미국의 심리학자이자 철학자인 매슬로Abraham H. Maslow의 '욕구 단계 이론'에 따르면 사람의 욕구는 생리적 욕구, 안전 욕구, 사회적 욕구, 존경 욕구, 자아실현 욕구로 나눌 수 있습니다. 대부분의 상황에서 이런 기본적인 욕구가 만족되지 못하면 보상 방어기제로 이어지며, 욕구 불만족의 정도가 너무 심해지면 과잉 보상이 나타나기도 합니다. 열등감이 있는 사람이 보상을 이용해 자존심을 세우려 하는 것처럼, 안전감을 느끼지 못하는 사람은 과도하게 안전감을 추구하게 됩니다. 또 사회적 욕구가 만족되지 못한 사람은 사랑과 인정 받기를 갈구하며 강렬한 질투심에 휩싸일 가능성도 높습니다.

하지만 보상은 우리가 앞서 언급했던 심리 방어기제들에 비해 우리 삶에서 상당히 건설적인 작용을 합니다. 사람들은 보상을 통해 사회생활에 더 잘 적응하며 능력을 계발하는 방면에서도 개인의 잠재력을 더 효과적으로 발휘하게 됩니다.

약점은 약하지만 강점은 강하다

보상으로 얻은 결과는 삶에 도움이 되는 방향으로 흘러갈 때가 많습니다. 헬렌 켈러가 바로 그 전형적인 예라고 볼 수 있죠. 헬렌 켈러는 신체장애 앞에서도 좌절하지 않고 강인한 의지와 한결같은 마음으로 뛰어난 성과를 이루었습니다. 몸은 장애를 안고 있었지만 그녀의 의지만은 비장애인보다 강했습니다.

물론 보상은 이런 위인들에게만 나타나는 것은 아닙니다. 사실 평범한 사람들도 일상에서 아주 생산적으로 보상을 사용하고 있습니다. 가령 외모가 평범해서 고민인 사람은 유머 감각이나 노래 실력 등 다른 매력을 키우면 됩니다. 또 학업이 뛰어난 사람들 가운데는 사회성이 부족한 사람들도 있는데, 그들은 자신이 진행하는 연구에 푹 빠짐으로써 그러한 결점을 보완할 수 있습니다. 인맥이나 성장 배경이 남들보다 못하다고 생각하는 사람은 일을 열심히 할 수 있습니다.

이런 사례들 모두 보상의 표현입니다. 사람들은 자신이 어떤 방면에서 다른 사람들보다 상대적으로 부족한지 잘 알고 있죠. 그래서 자신 있는 분야에서 얻은 성과로 부족한 점을 보완하고 싶어 합니다. 따라서 긍정적인 보상은 적절하게 사용한다면 좋은 변화를 가져올 수 있습니다.

혹시 타인의 강점과 나의 약점을 비교하고 있지는 않나요? 혹은 나의 약점에 시선이 갇혀 있지는 않나요? 누구에게나 잘하거나 못하는 게 있죠. 때로 약점은 새로운 강점을 발견하는 길이 되어주기도 합니다.

나를 돕거나 나를 파괴하거나

잘못으로 인한 죄책감을 덜어내는 방법으로 보상을 사용할 수도 있습니다.

한 내담자의 이야기를 들려드리겠습니다. 그는 한때 기숙사 생활을 했는데, 어느 날 빨래를 걷다가 실수로 룸메이트의 옷을 건드리는 바람에 1층으로 옷이 떨어진 일이 있었습니다. 하지만 급한 약속이 있던 그는 1층으로 내려가 옷을 줍지 못한 채 기숙사를 나섰죠. 그게 마음에 걸렸는지 약속 시간 내내 미안한 마음이 들었다고 합니다. 약속이 끝난 후 방으로 돌아가 보니 룸메이트는 그 사실을 전혀 모르고 있었습니다. 하지만 그는 그 사건으로 혹시라도 룸메이트와 사이가 나빠질까 봐 낮에 있었던 일에 대해서는 굳이 언급하지 않았습니다.

며칠 후 그는 평소처럼 빨래를 걷다가 뜻밖에도 룸메이트의 옷이 1층 난간 위에 떨어져 있는 것을 발견했습니다. 서둘러 그는 1층으로 뛰어 내려가 룸메이트의 옷을 주워 주었다고 합니다. 그는 이후로 마음이 많이 괜찮아졌다고 했습니다.

또 다른 사례도 있습니다. 제2차 세계 대전이 끝나고 독일은 전쟁의 피해를 크게 입은 유대인들에게 보상을 했습니다. 서독은 구호단체를 비롯해 유대인들을 위한 수많은 자선단체를 설립했습니다. 독일이 그렇게 한 이유는 전쟁 당시 히틀러가 일으킨 유대인 학살로 인한 양심의 가책을 줄이기 위해서였죠.

누군가에게 잘못하거나 실수했을 때 그 자리에서 곧바로 사과하는 방법도 있지만, 그렇게 하지 못했다면 다른 방식으로 잘못을 구할 수 있습니다. 그중 한 가지가 바로 이 보상 심리를 이용하는 것이죠.

하지만 보상은 부작용을 낳기도 합니다.

아들을 셋 둔 어머니가 있었습니다. 어머니는 착하고 공부도 잘하는 첫째, 둘째와 달리, 항상 사고를 치고 다니는 셋째가 걱정되어 저를 찾아왔습니다.

어머니는 임신 계획이 없던 중 셋째를 가지게 되었고, 임신

중절까지도 생각했지만 망설이다 시기를 놓쳐 결국 막내를 낳게 되었다고 합니다. 태어나고 보니 셋째는 체중 미달이었고 몸이 선천적으로 허약해 줄곧 잔병치레를 했습니다. 어머니는 셋째가 자주 아픈 것이 자기 잘못이라 생각해 미안한 마음이 들어 평소 셋째를 편애했습니다. 그러다 보니 셋째는 버릇도 없어지고 못된 짓만 저지르고 다니는 사고뭉치가 되었던 것이죠.

이 내담자는 죄책감을 덜기 위해 셋째 아이에게 무한한 애정을 쏟았습니다. 결과적으로 그런 보상 심리가 지나쳐 아이에게 좋지 않은 영향을 끼쳤고요.

부정적인 보상의 예를 좀 더 살펴보겠습니다. 자신의 결점을 보상하기 위해 사용하는 방법이 스스로에게 전혀 도움이 되지 않고 오히려 더 큰 피해를 가져오는 경우입니다.

사업에 실패한 어떤 알코올중독자를 상담한 적이 있습니다. 그는 사업의 실패 원인을 냉정하게 분석하고 나자 오히려 더 좌절감이 느껴졌고, 온종일 술에 빠져 살면서 끔찍한 현실을 피하려고 했습니다. 실패에 대한 보상을 술에서 찾으려고 했다가 알코올중독자가 되어버린 것이죠.

또 스트레스를 잘 다루지 못하는 사람은 폭음과 폭식으로 건강을 해치기도 합니다. 스트레스를 음식으로 보상받고

자 했다가 건강이 나빠지는 결과가 생겨난 것입니다. 운동을 하거나 재미있는 영화를 보는 등 스트레스를 풀 수 있는 다른 좋은 방법도 있는데 말이죠.

보상에는 다양한 방법이 있는데 긍정적 보상과 부정적 보상 외에도 '과도 보상'이라고 불리는 보상 방법이 있습니다. '과도 보상'이란 자신의 실패나 결점을 극복하기 위해 엄청나게 노력하지만, 결과적으로는 정상적인 수준을 넘어서 이상한 행동을 하게 되고 좋지 않은 결과까지 초래하는 경우를 가리킵니다. 아주 안타까운 일이죠.

주변 사람들에게 '패션 테러리스트'라는 놀림을 받는 여성이 있었습니다. 말수도 적어 사람들과 잘 어울리지 못했던 그녀는 자신의 고민을 털어놓지 못해 매우 괴로워했죠. 사람들은 아무리 심하게 놀려도 가만히 있는 그녀를 더 만만하게 생각하고 자존심 상하는 말을 서슴지 않았습니다. 반복된 놀림에 스트레스를 받은 그녀는 더 이상 사람들이 아무 말도 하지 못하도록 자신의 수입을 넘어선 비싼 브랜드의 옷을 사기 시작했습니다.

그러자 놀랍게도 사람들은 그녀를 놀리지 않았습니다. 명품으로 치장한 여성을 칭찬했죠. 예전처럼 상처받고 싶지 않앉던 그녀는 계속해서 비싼 옷과 액세서리, 화장품을 사들였습니다. 시간이 지날수록 통장 잔고는 텅 비어만 갔고 이제는 정말 쇼핑을 해서는 안 되는 상황에까지 이르렀지만, 그녀는 계속해서 자신을 꾸며야 했습니다. 과도한 보상에 휩싸인 그녀는 결국 백화점에서 물건을 훔쳤고 법적 처벌을 받는 지경에 이르렀죠.

이 여성의 선택은 너무 극단적이었습니다. 결국 과도한 보상으로 인해 여성의 삶은 파멸의 길로 들어서게 된 것입니다.

보상은 마음의 불안감을 덜어줄 수 있지만 적당히 사용해야 합니다. 또한 부정적 보상 대신 긍정적 보상을 할 수 있도록 유도해야 합니다. 가능하면 자신이나 타인에게 유익한 일을 하는 방향으로 말입니다.

완벽한 인생이란 없습니다. 누구든 살면서 보상 심리로 결점을 극복하려 합니다. 중요한 것은 자신에게 도움이 되는 보상의 방식을 선택해야 한다는 거죠. 나를 파괴하는 보상은 더 많은 후회만 남길 뿐입니다.

건강하게 마음을 쏟아부어라

사람은 도덕을 지키고 사회규범의 범위 내에서 살아가야 합니다. 하지만 살다 보면 우리의 행동이나 욕망이 사회규범에 부합하지 않는 경우도 많이 있습니다. 이때 그런 욕망과 행동을 직접적으로 드러내면 법적 처벌을 받거나 지금까지 쌓아온 자신의 좋은 이미지가 실추되는 등 좋지 않은 결과가 생겨납니다. 그렇다고 해서 그런 욕망과 행동을 드러내지 않고 마음속에 억압해두면 심리적인 불안을 일으키고 마음의 건강도 해칠 수 있습니다.

나 자신이나 타인, 혹은 사회가 수용할 수 있는 형식으로 바꿔 우회적으로 자신의 욕망을 표현할 줄 알아야 합니다. 이는 사실 심리 방어의 과정이죠. 표현 형식에 따라 이 방어기제는 다양한 종류로 분류됩니다. 그 중에서도 자기 욕망을 비교적 고상한 쪽으로 발전시켜 자신이나 사회가 수용할 수 있는 범위 안으로 전이하여 나타낼 수 있을 때, 이를 '승화'라고 부릅니다.

'승화'라는 개념은 프로이트가 최초로 사용했습니다. 굶주림, 성욕, 공격적 욕구와 같은 본능적인 욕구에 관심이 많았던 그는 이렇게 말했습니다.

"우리 문명이 보유하고 있는 고귀한 보물들은 사람들이 성욕을 희생하고 성에 대한 욕구를 제한하여 얻은 것이다."

승화는 우리의 심리적 갈등을 털어놓게 하고 불안을 해소해주며 심리의 안정과 균형을 유지하게 해줍니다. 또한 우리의 창조 욕구와 성취 욕구를 만족시켜주죠.

어떤 화재 조사원은 화재가 났다는 소식을 들을 때마다 회사에 자신을 파견해서 문제를 처리하게 해달라고 적극적으로 요청했습니다. 다른 사람들은 화재 원인을 조사하고 배상 책임이 있는지 평가하는 등의 업무를 마치면 매우 피곤해했지만, 그는 오히려 말로 표현할 수 없는 보람과 만족감을 느꼈습니다.

사실 이 화재 조사원은 어렸을 때부터 불장난을 좋아했습니다. 불과 관련된 일이라면 호기심이 잔뜩 일었죠. 하지만 그렇다고 아무 곳에나 불을 지를 수는 없었습니다. 아이들에게 불장난은 위험했기에 어른들이 쉽게 허용해주지도 않았고요. 무의식중에 그의 잠재의식은 불을 가지고 놀고 싶다는 자신의 강렬한 욕망을 화재 사고를 조사하는 직업으로 전이시켰습니다. 화재 현장에서 직접 일하며 자신이 원래 가지고 있던 욕망을 만족시킨 것입니다. 이는 자기 자신과 사회 모두 받아들일 수 있는 적절한 방법이었고, 더 나아가 개인과 사회에 유익한 일이 되었습니다. 이런 경우가 바로 승화가 작동한 예입니다.

비슷한 사례는 매우 많습니다. 예를 들면 공격적 욕구가 강렬한 사람은 경찰을 동경하여 강력계 형사가 됩니다. 물론 이들은 범인을 잡을 때 자신이 원시적인 욕망을 만족시키고 있다는 점을 전혀 의식하지 못하죠.

위의 경우는 모두 사람들의 본능적인 욕망을 승화시킨 사례입니다. 이런 표현 방식은 사회가 수용 가능한 안전한 형식이죠. 욕망을 직접 표출하면 사회에 피해를 일으킬 수 있기 때문에 욕망이 승화의 형태로 나타난 것입니다.

우리의 원시적인 욕망은 가끔 막무가내로 억지를 부리기 때문에, 그 욕망을 직접 드러내면 사람들의 두려움과 혐오를 불러일으키기 쉽습니다. 물론 우리의 초자아 역시 그런 욕망을 용납하지 않습니다. 그래서 자아는 욕망을 '잘 꾸민' 다음 세상에 내놓게 됩니다. 이때 우리는 잘 꾸며진 욕망 덕분에 사람들에게 비웃음 대신 칭찬을 받는 것이죠.

어떤 화가는 심리적으로 자기 파괴적인 충동을 느끼거나 물건을 부수고 싶은 마음이 들 때 종이에 물감을 뿌리며 카타르시스를 느낀다고 합니다. 그가 자신의 충동을 승화시키지 않고 그대로 현실로 옮겼다면 남에게 피해를 줄 수 있고 정신병원으로 보내질 수도 있었겠죠. 하지만 그 충동을 창작 행위로 승화시킴으로써 심리적인 건강과 예술 작품까지 얻을 수 있었던 것입니다.

심리학적 견해에 따르면 정치 지도자가 되기 위한 노력은 다른 사람들을 지배하려는 욕망의 승화입니다. 교사가 되는 건 구순 욕망의 승화이며 사진사와 심리 상담사는 관음적인 욕망의 승화죠. 배우는 노출 욕망의 승화라고 할 수 있습니다.

신기한 점은 우리가 그런 사실을 전혀 의식하지 못한다는 것입니다. 우리의 잠재의식이 배후에서 모든 걸 주도하고 있기 때문이죠.

끔찍한 고통은 한 편의 시가 된다

승화는 좌절을 딛고 일어서게 하는 힘이 있습니다. 많은 예술가들이 비참하거나 고통스러운 경험을 바탕으로 창작 활동을 이어갑니다. 오스트리아의 작곡가이자 가곡의 왕인 슈베르트는 이렇게 말했죠.

"극심한 고통 속에서 쓴 작품일수록 사람들에게 더욱 높은 평가를 받는다."

또한 《젊은 베르테르의 슬픔Die Leiden des jungen Werthers》은 청년 시절의 괴테가 자기 마음속의 감정을 승화시킨 문학 작품의 진수라고 할 수 있습니다. 어느 날 괴테는 샤를로테 부프에게 반합니다. 그는 샤를로테에게 정신이 팔려 헤어나지 못할 정도가 되고 밤낮으로 그녀를 만나는 상상을 합니다. 하지만 그의 짝사랑은 결실을 맺지 못할 운명이었죠. 샤를로테는 이미 괴테의 친구와 약혼했기 때문입니다.

바로 그때 괴테는 자신의 마음을 뒤흔드는 엄청난 소식을 듣습니다. 그의 친구 예루살렘이 친구의 아내에게 반해 용기를 내어 고백했다가 거절당했는데 예루살렘은 현실을 받아들이지 못하고 자살했다는 소식이었죠. 그는 그 이야기를 들은 후에 소설 《젊은 베르테르의 슬픔》을 쓰기 시작합니다. 그는 온종일 소설에 빠져 살았고 겨우 한 달 만에 이 애잔하고 감동적인 불후의 명작을 완성하게 됩니다.

소설을 완성하고 나서 괴테는 갑자기 정신을 차립니다. 자신을 짓누르고 있던 거대한 정신적인 억압으로부터 완전히 해방됩니다. 그리고 샤를로테에 대한 사무치는 그리움에서도 벗어나죠.

괴테가 자신의 감정을 표현할 수 없었을 때 그의 속마음은 원래 억압되고 불안한 상태였습니다. 그리고 친구가 자살한 원인과 그가 처한 상황은 매우 비슷했습니다. 친구의 자살로 인해 그는 자신의 감정을 계속 발전시켰을 때 생길 수 있는 나쁜 결과를 예측했고 더욱 불안을 느꼈습니다.

극심한 갈등을 겪은 괴테는 감정을 쏟아낼 방법을 찾기 위해 서둘렀습니다. 그리고 자신에게 딱 맞는 방법을 찾아낸 것이죠. 창작을 하며 자신의 감정을 표현하는 건 아주 안전한 방법이었습니다. 그는 샤를로테에 대한 사랑을 작품 속에서 마음껏 표현했고 욕망을 만족시켰습니다. 누구의 삶에도 나쁜 영향을 미치지 않으면서 말이죠.

상처와 슬픔이 가진 가능성

승화는 고통을 예술 창작으로 표현하는 경우만을 가리키지는 않습니다. 일상적이고 평범한 예를 들자면 다음과 같습니다.

질투심이 심한 사람은 다른 사람을 질투하는 대신 자기계발에 힘쓸 수 있습니다. 열심히 공부해서 자신보다 성적이 좋은 사람을 뛰어넘을 수도 있죠. 이런 경우 모두 승화에 해당합니다. 질투심을 노력하는 힘으로 바꾼 것이죠. 이런 승화는 사실 질투심의 외적인 표현 방식입니다.

또한 다른 사람을 도울 때 승화 방어기제를 사용하기도 합니다. 오래전 난치병으로 아들을 잃고 나서 한동안 슬픔에 잠겨 있던 한 아버지가 있었습니다. 어느 날 그는 새롭게 뭔가를 하기로 결심했습니다. 자신의 적은 수입 중 일부를 떼어 가난한 지역에 사는 몸이 아픈 한 아이가 학교를 다닐 수 있도록 지원해주기로 말입니다. 그는 그 아이가 대학교를 졸업할 때까지 매달 교육비와 생활비를 보내주며 물심양면 도왔죠.

누군가는 그에게 아이가 어른이 된 후 그 남자를 기억할지 말지도 모르는데 지원금을 너무 많이 주는 것 아니냐고 말하기도 했습니다. 하지만 남자에게 그런 건 아무렴 상관이 없었습니다. 그저 좋아서 하는 일이었으니까요. 아이가 하루하루 커가는 것을 보고 있노라면 그는 죽은 아들을 키울 때처럼 매우 기쁘고 편안했습니다.

이 아버지가 가난하고 몸이 아픈 아이를 돕는 일에 보인 열정은 죽은 아들에 대한 그리움을 긍정적으로 승화시킨 것입니다. 아이가 학교에 다닐 수 있도록 지원하며 그는 마음속의 고통을 줄였죠. 물론 그는 자신의 슬픔과 고통을 직접적으로 표현할 수도 있었습니다. 하지만 그는 오랫동안 슬퍼하고만 있어서는 안 된다고 생각했고 승화를 사용해 스스로를 보호했습니다.

아들을 잃은 어머니의 이야기를 기억하시나요? 그 어머니는 슬픔을 자신의 잠재의식 속에 억압시켰죠. 이런 방식은 그녀가 매년 여름마다 영문 모를 우울증을 앓는 원인이 되었습니다. 그런 점에서 미루어 볼 때 억압에 비해 승화는 분명 더욱 성숙하고 유용한 방어기제입니다.

철학가 데이비드 흄David Hume은 동정심이 기본적인 도덕 행동의 근원이라고 생각했습니다. 또한 그는 사람은 동정심을 통해 문명사회 속에서 사랑, 관용, 자제력 등을 갖추게 된다고 말했죠. 동정심 또한 흔히 사람들이 자신의 경험과 고통을 승화시킨 결과라고 할 수 있습니다.

승화는 긍정적이면서도 건설적인 의미가 있는 심리 방어 기제입니다. 본능적인 충동이나 삶의 고통과, 상실, 좌절로 인한 불만과 원망을 세상에 유익한 행동으로 바꾸는 승화 작용이 없다면, 이 세상은 불행한 사람으로 가득 차게 될 지도 모릅니다.

남을 돕는 게
나를 돕는 것이다

'이타'는 앞서 말했던 승화와 비슷합니다. '이타'란 사회적으로 높이 평가받는 성숙한 심리 방어기제로, 사람들이 어떤 행동을 통해 자신의 욕망과 충동을 만족시키면서 그 행동이 다른 사람에게 도움이 되는 경우를 가리킵니다.

프로이트의 견해에 따르면 이타 행동을 하는 사람의 초자아는 그렇지 못한 사람의 초자아보다 비교적 균형이 잘 잡혀 있다고 합니다. 다른 사람을 도울 때 자신의 욕망과 충동을 만족시킬 수 있는 것이죠.

이타 행동을 분류해보면 다음과 같습니다.

첫 번째로 타인이 하는 호의적인 행동이 나의 이타 행동으로 이어지는 경우입니다. 사회 심리학자 앨빈 굴드너Alvin Ward Gouldner의 사회규범 이론에 따르면 인류의 도덕 원칙에서 가장 중요한 요소는 상호성 규범이라고 합니다. 사람들은 자신에게 호의적인 사람에게 피해를 입히기보다는 도움을 베풀려고 하죠. 또 상대방이 나에게 호의를 베풀려고 하면 나 역시 똑같은 방식으로 상대방을 대하게 됩니다. 즉 친사회적인 이타 행동을 하는 것은 곧 보답의 행위라고 볼 수 있습니다.

제1차 세계 대전 중에 있었던 일을 예로 들어보겠습니다. 어떤 독일 특수병은 자신의 임무를 완수하기 위해 적군의 참호에 들어갔습니다. 그때 참호에 혼자 남은 적군 병사가 음식을 먹고 있었는데, 독일 특수병은 그 병사가 다른 곳을 보고 있는 사이 그에게 다가갔습니다. 다시 고개를 돌린 적군 병사는 독일 특수병이 자신과 같은 편인 줄 알고 순간적으로 자신이 먹던 빵을 건넸습니다. 이는 본능적인 호의에서 나온 이타 행동이었죠. 그 적군 병사는 상대방이 독일 특수병이라는 생각을 전혀 하지 못하고 본능적인 이타 행동을 했으며, 동시에 자신의 마음도 만족시켰습니다.

독일 특수병 역시 적군 병사의 호의에 감동을 받았습니다. 그래서 그는 적군 병사를 차마 포로로 잡을 수 없어 그냥 다시 자신의 진영으로 돌아갔습니다. 결국 독일 특수병의 임무는 어처구니없는 이유로 실패했지만, 그에게는 임무를 완수하는 일보다 적군 병사에게 보답하려는 본능적인 욕구를 충족시키는 것이 더 중요했습니다.

두 번째로는 죄책감 때문에 다른 사람을 돕는 경우입니다. 심리학자들에 따르면 사람들은 종종 죄책감을 줄이기 위해 이타 심리 방어기제를 사용한다고 합니다.

우리는 실수를 했을 때 타인을 돕는 일은 사람들에게 즐거움을 느끼게 하며 마음속에 긍정적이고 건설적인 자아 이미지를 확립하게 해줍니다. 즉, 이타 행동이 죄책감을 없애 마음속 갈등을 완화해주는 것입니다. 이런 이유로 우리는 죄책감을 느낄 때 다른 사람들을 더 도와주려고 합니다.

심리학자 데이비드 맥밀런David McMillan과 제임스 오스틴 James Austin이 한 실험은 앞서 언급한 내용을 뒷받침해줍니다.

두 심리학자는 미시시피 주의 대학생들에게 이 실험에 참여해 달라고 요청했습니다. 실험에 참여하면 추가적인 학점을 얻을 수 있었죠. 그들은 실험에서 두 가지 상황을 연출했습니다.

첫 번째 상황에서는 피험자들이 실험이 시작되기를 기다리는 동안 아무 일도 일어나지 않도록 했습니다. 두 번째 상황에서는 실험을 기다리는 피험자들에게 실험자가 미리 준비해둔 사람이 다가가 말을 걸도록 연출했죠. 그는 피험자들에게 자신이 앞서 실험에 참가했던 사람이라면서 실험실에서 잃어버린 노트를 찾으러 왔다고 말했습니다. 그리고 그는 학생들에게 이 실험에서는 객관식 테스트를 하는데, 정답에는 'B'가 많다고 알려주었죠.

이렇게 두 가지 상황을 연출한 다음 실험자는 학생들에게 실험을 소개하면서 이렇게 물었습니다.

"전에 이 실험에 참석했던 사람이나 실험과 관련된 이야기를 들은 사람이 있나요?"

두 번째 상황의 피험자들은 이 질문에 모두 거짓말을 했다고 합니다. 실험과 관련된 어떤 이야기도 들은 적이 없다고 말입니다.

또 실험이 끝난 다음 실험자는 피험자들에게 부탁을 하나 했습니다.

"혹시 시간 있으면 채점하는 일 좀 도와줄 수 있을까요?"

실험 결과에 따르면 첫 번째 상황의 피험자들은 평균 2분 정도 도움을 주었지만, 두 번째 상황의 피험자들은 아낌없이 평균 63분 동안 도움을 주었습니다.

분명히 두 번째 상황의 피험자들은 거짓말을 한 다음에 다른 사람을 속였다는 죄책감을 느꼈을 것입니다. 거짓말을 한 순간 그들의 원초아와 초자아는 충돌을 일으키게 됩니다.

그 충돌을 완화하고 불안을 해소하기 위해 그들은 자신의 자아 이미지를 만회할 기회를 찾기를 원했습니다. 그들은 자신에게 속은 실험자의 일을 도와줌으로써 죄책감을 덜 수 있었습니다.

이처럼 다른 사람을 돕는 이타 행위 속에는 죄책감을 없애고 자신을 보호하고자 하는 방어 심리가 담겨 있습니다.

공감 능력이 뛰어날수록 이타심이 높은 이유

심리학에는 '감정이입'이라는 용어가 있습니다. 여러분도 알고 있듯, 감정이입은 타인의 감정을 함께 느끼고 그 사람의 입장에서 생각하는 것을 말하죠.

우리는 감정이입을 통해 이타 방어기제를 사용할 수 있습니다. 즉, 사람은 자신의 마음을 보호하기 위해서 다른 사람의 슬픔이나 기쁨을 이해하는 것에서 한 발자국 더 나아가 그들을 적극적으로 돕는 행동까지 할 수 있습니다.

심리학자 대니얼 뱃슨Daniel Batson은 실험을 통해 이를 증명했습니다. 뱃슨은 한 젊은 여성이 전기충격을 당하는 실험 상황을 연출한 다음, 이 모습을 여대생들에게 보여주었습니다. 사실 이 여대생들이 진짜 피험자였죠.

그전에 여대생들을 두 그룹으로 나누었는데, 첫 번째 그룹에는 전기충격을 당하는 여성이 자신들과 비슷한 나이, 가치관, 취향을 가지고 있다고 말해주었습니다. 그리고 두 번째 그룹에는 여성이 전기충격을 당하는 장면을 다 보고 나면 실험이 끝났으니 가도 좋다고 말했습니다.

전기충격을 당한 연기를 한 여성은 미리 계획한 대로 실험연구원에게 자신이 어렸을 때 감전된 적이 있어 전기에 매우 민감하다고 이야기했습니다. 실험연구원은 동정심을 보이면서 여대생들에게 이 여성과 자리를 바꿔 나머지 전기충격을 받아달라고 부탁했습니다. 물론 이 모든 것은 연출 상황이었죠.

놀랍게도 실험 결과, 첫 번째 그룹의 사람들은 거의 모두가 연기자 대신 전기충격을 받으려고 나섰습니다. 첫 번째 그룹은 여성 연기자가 자신들과 나이, 가치관, 취향이 비슷하다는 말을 듣고 감정이입을 하게 된 것입니다. 그들은 여성 연기자가 당하는 전기충격을 자신이 겪는 일처럼 생각했습니다. 만약 그 여성을 도와주지 않는다면 그들은 계속 죄책감을 느낄 것이고, 그런 죄책감을 피하기 위해 첫 번째 그룹의 학생들은 그 여성을 도와주기로 결심한 것입니다.

그리고 두 번째 그룹의 피험자들에게는 전혀 감정이입이

일어나지 않았습니다. 그들에게는 여성 연기자가 그저 실험에 참여하는 피험자로만 느껴졌죠. 그래서 연기자를 도와주지 않아도 죄책감이 들지 않았습니다.

감정이입이 일어난 피험자들은 이타 작용으로 마음의 불안을 피하려고 했고, 나아가 이타적인 행동까지 보일 수 있었습니다.

마음이 다치기 전에 먼저 상처를 차단하는 법

미국에서 보도된 뉴스를 소개해드리겠습니다.

뉴욕주 린덴허스트의 도로 위에서 한 운전자가 사고로 인해 빙글빙글 도는 차를 자신의 차로 막아냈다고 합니다. 운전자는 사고 차량을 가로막아 정지시키고 나서 그 차에 탄 운전자의 생명을 구했습니다. 대형 사고를 막은 운전자는 이렇게 말했습니다.

"저는 천천히 속도를 내어 그 차에 접근해서 추월한 다음 속도를 줄여 길을 막았습니다. 그래서 그 차가 제 차와 부딪쳤습니다."

어떻게 그런 방법을 생각해냈느냐는 기자의 질문에 남자는 "어쩔 수 없었어요. 그게 그 차를 멈출 수 있는 유일한 방법이었습니다"라고 말했죠.

도대체 왜 이 운전자는 이렇게 위험한 방법으로 사고를 막았던 걸까요? 이 남자의 이타 행동은 우리가 앞서 언급한 사례와 조금 달라 보입니다. 생명의 위협을 무릅쓰고 다른 사람을 구했지만, 당시 그는 특별히 죄책감을 느낀 상태도 아니었고 감정이입이 일어난 것도 아니었죠.

첫머리에서 언급했던 문제로 돌아가 봅시다. 이 남자의 초자아는 다른 이들보다 매우 발달해서 이미 원초아의 일부분으로 내면화된 상태입니다. 따라서 그의 이타 행동은 그에게 본능적인 만족을 주었죠.

이타는 성숙하고 고상한 심리 방어기제입니다. 이타의 목적은 이타 행동을 통해 만족감과 우월감을 얻고 더 나아가 자신을 보호하는 데 있습니다.

이타는 다른 방어기제와는 달리 불안한 감정이 생기기 전에 작용할 수 있습니다. 한마디로 이타는 마음의 불안을 없애는 역할을 하는 것이 아니라, 마음의 불안이 생기지 않게 막아주는 역할을 합니다. 이것이 바로 다른 방어기제들과의 가장 큰 차이점입니다.

위의 사례에 나온 뉴스 보도에서 만약 남자가 사고 차량의 운전자를 신속하게 구하지 않고 그가 사고가 나는 걸 보고만 있었다면 어떻게 됐을까요? 그는 분명 끊임없이 스스로를 책망하면서, 자신이 나서서 그를 구했으면 사고를 막을 수 있었을 거라고 괴로워했을지도 모릅니다. 하지만 이타 행동을 통해 그는 이러한 괴로움 속에서 살아가는 것을 막을 수 있었죠. 이처럼 이타 행동은 마음의 불안을 피할 수 있도록 우리를 도와줍니다.

하지만 그는 사고 차량을 구할 당시 이러한 점을 전혀 의식하지 못했습니다. 이러한 과정은 모두 잠재의식 속에서 이루어졌기 때문이죠. 그는 초자아가 매우 강했기 때문에 이타적인 행동을 하기로 결정할 때 조금도 주저하지 않았습니다.

'방관자 효과'에 숨은 진짜 심리

어떤 때에는 긴급한 상황임에도 선뜻 이타 행동을 하지 않는 경우도 있습니다. 이타 행동을 하지 않을 때 사람들은 어떤 심리를 가지고 있을까요?

심리학자들은 지켜보는 사람이 많을 때 일어나는 '방관자 효과'를 언급합니다. 구경꾼이 있기 때문에 어려움에 처한 사람을 돕는 일을 다른 사람에게 미루어 책임을 분산시킵니다. 이타 행동을 모두가 분담해야 한다고 생각합니다. '누군가 도와주겠지'라는 심리가 생기는 거죠. 하지만 모두가 그렇게 생각하고 행동하기 때문에 결과적으로는 아무도 도움을 주지 않는 상황이 발생합니다.

방어 심리의 관점에서 설명하자면, 사건 현장에 한 사람만 있을 때 그 사람이 곤경에 처한 사람을 도와주지 않는다면 양심의 가책과 죄책감을 훨씬 더 많이 느낍니다. 그런데 만약 사건 현장에 많은 사람이 있으면 그 사람은 '다른 사람이 분명 도와주겠지. 아무도 안 도와준다면 나도 죄책감을 느낄 필요는 없어'라고 생각하게 됩니다. 심지어 자신이 도움을 주지 않은 이유에 대해 '누군가는 도와줄 줄 알았다'라는 결론을 내립니다. 그러고는 이타 방어기제를 사용하지 않고 이타 행동을 하지도 않죠.

방관자 효과를 증명한 심리학자 빕 라테인Bibb Latané과 존 달리John Darley의 실험을 소개하겠습니다.

연구자는 먼저 네 가지 서로 다른 상황을 설정하고 피험자들을 각각의 상황에 배치했습니다. 혼자인 상황, 친구 한 사람과 함께 있는 상황, 낯선 어느 한 사람과 함께 있는 상황, 소극적인 반응을 보이는 방관자와 함께 있는 상황이었죠. 그런 다음 피험자들에게 방에서 설문지를 작성하게 했습니다.

곧 연구자는 실험실에 커튼을 설치하여 실험실을 안과 바깥으로 나눴습니다. 밖에 있는 피험자는 커튼 사이로 실험실 안쪽에 있는 기울어진 거대한 책장에 책과 다른 기구들이 가득 쌓여 있는 걸 볼 수 있었습니다. 연구자는 피험자들에게 설문지를 어떻게 작성해야 하는지 설명하고 나서 커튼으로 분리된 실험실 안쪽으로 들어갔습니다.

몇 분 후에 의자가 넘어지는 소리와 여자의 비명소리가 들려왔습니다.

"다리가 책장에 깔려서 발목이 부었어요! 다리를 움직일 수가 없어요!"

연구자들은 방 안에 있는 피험자들의 행동을 관찰했습니다. 실험 결과 피험자가 혼자 있거나 친구와 함께 있을 때는 70%의 피험자가 넘어진 여자를 도와주기 위해 뛰어갔습니다. 낯선 사람과 함께 있는 경우는 40%의 피험자만이, 소극적인 방관자와 함께 있는 경우는 7%의 피험자만이 여자를 도와주려고 했습니다.

이 외에도 라테인과 달리는 열차 객실에서 한 남성이 갑자기 넘어진 상황, 공원에 있던 어느 거지가 갑자기 사람들에게 구타당하는 상황, 도둑이 버스에서 거리낌 없이 도둑질하는 상황 등에서 피험자들을 관찰했는데, 실험 결과 지켜보는 사람이 많을수록 방관자 효과도 더 분명하게 드러났다고 합니다.

이 실험들을 통해 우리는 주위에 사람들이 많을수록 어려움에 처한 사람을 돕지 않아서 생기는 죄책감이 줄어든다는 것을 알 수 있습니다. 방관적 태도를 보이는 사람들은 이타가 아닌 다른 방어기제들을 사용해 마음속의 갈등과 불안을 해소하는 경향이 있죠. 예를 들어 다른 사람이 도와줄 거라고 생각하는 경우는 투사에 해당합니다.

대니얼 뱃슨에 따르면 이타 행동을 하는 대부분의 사람들은 보답을 바라지 않는다고 합니다. 뱃슨은 도움을 베푸는 사람이 다른 사람이 어려움에 처한 걸 봤을 때 자기 마음속의 불안이나 타인에 대한 동정심에 집중한다는 점을 지적했습니다. 이때 작용하는 이타 방어기제는 그런 불안과 동정심, 즉 자신의 욕구를 해소하는 역할을 합니다.

이타가 발휘되는 과정에서 초자아는 상대적으로 강해집니다. 초자아가 강한 사람은 다른 사람들을 돕기가 더 쉽죠. 마음이 불안하고 경계심이 많은 사람들에게 저는 봉사활동을 권유하고는 합니다. 남을 돕는 과정을 통해 초자아를 강하게 만들 수 있으며 마음속 욕망과 충동을 더욱 건강하게 해소할 수 있습니다. 동시에 사회적으로 도움 되는 일을 할 수 있어 보람도 크고요. 사람들을 만나 그들의 어려움을 해결해주는 과정을 통해 나 역시 행복한 삶을 얻을 수 있습니다.

우스운 사람이 아니라
웃기는 사람입니다

자조법
....

소크라테스에게 성격이 포악한 아내가 있었다는 사실은 널리 알려져 있습니다. 그의 아내는 때와 장소를 가리지 않고 성질을 부렸습니다. 소크라테스는 이런 아내 때문에 여러 번 난처한 상황이 생기곤 했지만, 근심하지 않고 오히려 다른 사람들 앞에서 자주 이렇게 말하고는 했습니다.

"이런 아내가 있어서 좋은 점도 많습니다. 저의 인내력을 키우고 교양도 높일 수 있으니까요."

한번은 아내가 또 이유 없이 소크라테스에게 성질을 부리기 시작했습니다. 오랫동안 계속 큰 소리로 난리법석을 쳤죠. 그가 좋은 말로 타일러도 아무 소용이 없었습니다. 아내는 소크라테스가 강의를 하는 중에도 갑자기 나타나서는 그에게 욕을 하고 물을 퍼부었습니다. 그는 순식간에 물에 빠진 생쥐

꼴이 되었습니다.

그 자리에 있던 학생들은 모두 어안이 벙벙해져서 난처한 표정을 지었습니다. 학생들은 당연히 소크라테스가 아내에게 화를 낼 거라고 생각했습니다. 하지만 소크라테스는 흠뻑 젖은 몸과 옷을 닦고 이렇게 말했다고 합니다.

"나는 진작부터 천둥이 치고 나면 반드시 비가 온다는 걸 알고 있었지. 역시 내 예상을 벗어나지 않는군."

소크라테스가 이런 농담을 할 줄 누가 알았을까요? 그 말을 들은 학생들은 함께 유쾌한 표정을 지었습니다.

아내는 소크라테스에게 모욕을 주기 위해 고의적으로 그런 행동을 했기 때문에 어쩌면 화를 내는 것이 당연합니다. 하지만 소크라테스는 그런 행동은 두 사람 사이의 갈등을 더할 뿐이라고 생각했습니다. 그래서 그는 농담을 하며 곤란한 상황을 반전시켰던 것입니다.

곤란하거나 난처한 상황에 빠졌을 때는 지혜를 발휘해 상황을 유리하게 유도할 수 있습니다. 유머는 갈등을 누그러뜨리고 사람들을 난처하게 만들지 않으면서도 자신의 생각, 감정, 의도를 명확하게 표현하게 해줍니다.

유머는 고상하면서 건강한 심리 방어기제이며 여러 상황

에 적응하는 데 도움이 됩니다. 관계의 거리를 좁혀 주고 사
회적 지지를 얻는 데도 효과적이죠.

유머가 가진 방어 효과는 과학적인 근거가 있습니다. 프
로이트는 유머가 정신을 승화시키는 효과적인 수단이라고
생각했습니다. 그는 사람들이 유머로 삶의 괴로움을 해소하
는 법을 배워야 한다고 주장했습니다. 웃음은 긴장되고 경직
된 의식을 자연스러운 무의식으로 전환하여 쾌감으로 느껴
지게 하는 효과가 있다고 생각했기 때문입니다.

많은 연구에서도 유머가 사람의 신체적, 심리적 건강에
유익하다는 점이 밝혀졌습니다. 노르웨이의 한 연구에 따르
면, 삶에 즐거움이 결핍된 사람보다 유머 감각이 있는 사람이
더 오래 산다고 합니다. 유머 감각이 있는 암 환자는 그렇지
않은 환자에 비해 사망률이 심지어 70%나 낮았죠. 또한 심리
학에서는 이성을 교묘하게 부정하고 감정을 역방향으로 발
산하면 인지부조화 현상이 일어난다고 말합니다. 이 인지부
조화 현상은 사람들에게 웃음을 자아낼 뿐만 아니라 스트레
스를 해소하는 능력을 향상시킵니다.

'자책'하지 말고 '자조'하라

프로이트는 특히 유머와 비슷한 방어기제 중 근심스러운 일을 비웃는 행동, 즉 '자조'를 강조했습니다. '자조'는 자기 자신을 욕하고 비웃는 행동이죠. 경직된 인간관계에서 자조는 분위기를 더욱 편하게 해주고 외부 세계에서 오는 스트레스를 줄여줍니다. 또한 스스로를 비웃는 행동은 대인관계에서 오는 갈등과 불안을 피하고 자신을 보호하기 위한 가장 효과적인 방어술입니다. 이 밖에도 자조는 사람들이 난감한 상황을 유연하게 넘길 수 있는 방법이 되기도 하죠. 아내가 갑자기 물을 끼얹었을 때도 유머를 잃지 않았던 소크라테스처럼 말입니다.

아무리 조심해도 사람은 실수를 저지릅니다. 대부분의 사람들은 실수하면 다른 사람들의 웃음거리가 되었다는 생각에 당황해서 그 난감한 상황을 어떻게 풀어가야 할지 침착하게 생각하지 못합니다. 그래서 불안한 감정을 마음에 억압시키죠. 난처한 상황이 끝나고 어느 정도 시간이 흘러도, 그때 자신이 너무 바보같이 보였다고 자책하면서 불안에 사로잡혀 있기도 합니다.

불안과 자책의 시간이 남들보다 긴 사람도 있고 짧은 사람도 있습니다. 자신의 실수를 금방 잊는 사람들을 살펴보면 그들은 자조하는 법을 잘 알고 있었습니다. 유머와 자조를 통해 창피함에서 빨리 빠져나와 상황을 객관적으로 바라볼 줄 알죠.

1929년 경제 대공황 당시 미국의 주식 시장은 전부 폭락했습니다. 돈 많은 사람들은 하룻밤 사이에 알거지가 되었죠. 재산이 전부 사라졌다는 소식을 듣고 나서 대부분의 사람들은 크게 분노하며 스스로를 비판했습니다. 당연한 일이겠죠? 하지만 이런 최악의 상황에서도 유머를 잃지 않는 사람들은 이렇게 말했다고 합니다.

"쉽게 들어온 돈은 쉽게 나가는 법이지."

이렇게 자조 섞인 말을 했던 사람들은 슬픔 속에서 빠르게 빠져나와 대공황이라는 상황을 객관적으로 바라보았고, 나중에는 정부와 사회를 풍자하는 여유까지 보여주기도 했습니다.

유머는 먹구름 속 한줄기 햇빛과도 같습니다. 힘든 상황에서 유머를 보이는 게 비현실적으로 느껴질 수도 있겠습니다. 하지만 저는 여러분에게 상처받는 상황 속에 너무 깊이 몰입하지 말라는 이야기를 하고 싶습니다. 한 발자국 물러서서 보면 삶은 더욱 유쾌해질 것입니다.

자기 자신을 비웃는 자조는 뜻만 보면 부정적으로 보이지만, 자조한다는 것은 곧 내 마음을 보호하기 위한 매우 영리한 전략을 펼치는 것입니다. 그와 동시에 긴장을 풀고 딱딱한 분위기도 부드럽게 바꿀 수 있으니 인간관계에도 큰 도움이 됩니다.

상대방에게 도망칠 길을 열어줄 여유

우리는 다양한 인간관계를 맺으며 살아갑니다. 그러다 보면 내가 상대방에게 실수를 할 때도 있지만 반대로 상대방이 나에게 실수를 하는 경우도 반드시 생기죠. 이럴 때 분노하거나 침묵하는 것은 좋은 방법이 아닙니다. 지나치게 분노하면 관계가 멀어질 수 있습니다. 그렇다고 무조건 침묵하면 생각이 없고 멘탈이 나약한 사람처럼 보이죠.

가장 좋은 방법은 적당하게 스스로를 비웃으면서 자신의 분노와 상대방의 불안 모두를 해소하는 것입니다. 자조는 나를 어려운 상황에서 구해내면서도 다른 사람에게도 빠져나갈 길을 마련해줍니다.

어느 유명한 독일 장군의 이야기를 들려드리겠습니다. 모든 것이 완벽했던 장군에게는 한 가지 흠이 있었는데 바로 대머리라는 점이었죠. 한번은 그가 뮌헨으로 군대를 시찰하러 갔습니다. 뮌헨의 장교 클럽은 그를 환영하기 위해 그날 저녁에 성대한 연회를 열었죠.

연회 도중 한 중사가 장군에게 술을 따르기 위해 다가왔습니다. 그는 평소 존경하던 장군을 가까이서 본다는 생각에 매우 긴장하고 흥분한 상태였죠. 결국 중사는 실수로 장군의 대머리 위에 술잔을 떨어뜨리고 말았습니다. 그곳에 있던 사병과 장교들은 장군이 노발대발할 거라고 생각했습니다. 술잔을 떨어뜨린 중사는 얼굴이 하얗게 질렸습니다. 온몸이 굳어버린 채 아무 말도 하지 못하고 그 자리에 그대로 서 있었습니다.

하지만 장군은 사람들이 예상치 못한 행동을 보였습니다. 그는 호주머니에서 손수건을 꺼내 머리를 닦은 다음 웃으며 이렇게 말했습니다.

"젊은이, 내 머리는 벗겨진 지 벌써 20년이 되었네. 자네가 사용한 방법을 나도 써 본 적이 있지. 고맙군. 그래도 자네에게 알려줘야겠어. 그 방법은 머리가 다시 자라나는 데 전혀 효과가 없었다네!"

사람들은 모두 한바탕 웃었고 중사도 긴장감이 풀렸습니

다. 그는 장군의 너그러움에 감격하며 경례한 다음 자리를 떠났죠. 연회장에도 열렬한 박수가 울려 퍼졌습니다. 연회는 다시 즐거운 분위기로 돌아왔고 모두들 장군을 좋아하고 더 따르게 되었습니다.

이 독일 장군은 자조를 통해 스스로의 결점이 크게 드러나지 않도록 막았습니다. 또한 사람들은 그를 더욱 마음이 넓은 사람으로 생각하게 되었죠. 만약 그가 화를 냈다면 분명 연회장의 분위기가 싸늘해졌을지도 모릅니다. 그리고 누군가는 장군의 대머리 때문에 연회를 망쳤다고 뒤에서 소문을 퍼뜨려, 그의 결점이 사람들의 화젯거리가 될 수도 있었습니다. 또 술을 쏟은 중사는 상처를 받았을 테고, 장군 자신도 불쾌해졌을 것입니다. 하지만 장군의 자조는 연회 분위기를 더욱 뜨겁게 만들고 중사의 마음까지 풀어주었습니다.

이처럼 자조는 나의 부정적 감정을 현명하게 표출하면서 동시에 다른 사람을 배려할 수 있게 해줍니다. 자신의 이미지를 긍정적으로 바꿀 수도 있습니다. 따라서 자조 방어기제를 잘 사용할 줄 아는 사람은 상처받지 않고도 좋은 인간관계를 유지할 수 있죠.

누군가는 자신의 체면이 떨어지는 것을 걱정해 자조하지 않습니다. 또 누군가는 스스로 재미없는 사람이라 여기고 시도조차 하지 않죠. 대부분 사람들은 남들에게 우스운 사람이 되고 싶지 않아서 유머와 자조를 잘 사용하지 못합니다. 하지만 꼭 주변 사람들을 웃겨야지만 유머와 자조가 되는 것은 아닙니다. 자신의 마음이 편안해지고 유쾌해졌다면, 심각한 상황 속에 자신을 너무 몰아세우지 않고 스스로를 내려놓는 것만으로도 충분합니다.

낯선 사람과 관계 맺기가 두렵다면

낯선 사람을 만나는 것이 두려울 때가 있습니다. 이는 사실 매우 정상적인 심리 반응입니다. 정상 수준보다 두려움이 더 높은 사람들은 다른 사람이 자신을 어떻게 생각하는지에 대해 지나치게 신경을 쓴 나머지, 낯선 사람과 이야기할 때 심하게 불안해하고 초조해하기도 합니다.

그러나 불안해할 필요는 전혀 없습니다. 긍정적인 방어기제를 잘 이해한다면 분명 자신감을 더 갖게 될 것입니다. 지금까지 말씀드린 자조하는 방법을 이해하고 대담하게 스스로를 비웃는다면, 낯선 사람 앞에서 어색해하지 않고 자신감을 보일 수 있습니다. 그리고 그렇게 하는 사람은 새로운 환경에서 사람들에게 빨리 호감을 얻게 됩니다.

영국을 대표하는 작가이자 유머의 대가로 불리는 조지 버나드 쇼는 어느 날 산책을 하다가 작은 사고를 당하게 됩니다. 그가 거리를 걷고 있을 때 반대편에서 자전거 한 대가 맹렬하게 달려왔는데, 두 사람은 서로를 미처 피하지 못하고 같이 넘어졌죠.

자전거에 탄 사람은 매우 난처해하면서 황급히 버나드 쇼에게 사과를 했습니다. 하지만 버나드 쇼는 오히려 웃으면서 자전거에 탄 사람에게 이렇게 말했습니다.

"선생님, 사실은 제가 사과를 드려야 합니다. 선생님이 저보다 더 불행하시군요. 선생님이 조금만 더 페달을 빨리 밟으셨다면 버나드 쇼를 치어 죽인 대장부로 오래도록 이름을 남기셨을 텐데요."

이 상황에서 조지 버나드 쇼의 유머는 상대의 미안함을 덜어주었습니다. 덕분에 두 사람은 웃으면서 헤어질 수 있었죠.

그가 보여준 유머는 낯선 사람과 사귀는 기술이 될 수 있습니다. 오만한 태도로 다른 사람을 밀어내는 것이 아니라 자조를 통해 벽을 허물고 서로 간의 거리를 좁히는 것입니다. 지나치게 강한 자극과 싸움을 피할 수도 있습니다.

유머는 인간관계에서 윤활유 역할을 합니다. 유머와 자조를 자주 사용하면 다른 사람들과 더욱 원활하게 교류할 수 있습니다. 현대 심리학자들은 유머와 자조는 심리 상태를 조절할 뿐만 아니라 긴장된 심리를 풀어주고 억압된 감정을 해방시켜주며, 노화를 막는 데에도 도움이 된다고 말합니다.

나를 지켜주는
최소한의 방어 심리학

초판 1쇄 발행 2022년 11월 3일

지은이 커커
옮긴이 채경훈
펴낸이 민혜영
펴낸곳 (주)카시오페아 출판사
주소 서울시 마포구 월드컵로14길 56, 2층
전화 02-303-5580 | **팩스** 02-2179-8768
홈페이지 www.cassiopeiabook.com | **전자우편** editor@cassiopeiabook.com
출판등록 2012년 12월 27일 제2014-000277호
책임편집 양다은
편집1 최유진, 오희라 | **편집2** 이수민, 양다은 | **디자인** 이성희, 최예슬
마케팅 허경아, 홍수연, 이서우, 이애주, 이은희
외주디자인 thiscover.kr

ISBN 979-11-6827-079-4 03180

- 잘못된 책은 구입하신 곳에서 바꿔 드립니다.
- 책값은 뒤표지에 있습니다.
- 이 책은 《항상 상처받는 나를 위한 심리학》(예문, 2016)의 개정판으로 구성을
  새롭게 정리하고, 내용을 보강하여 펴냈습니다.